I0442890

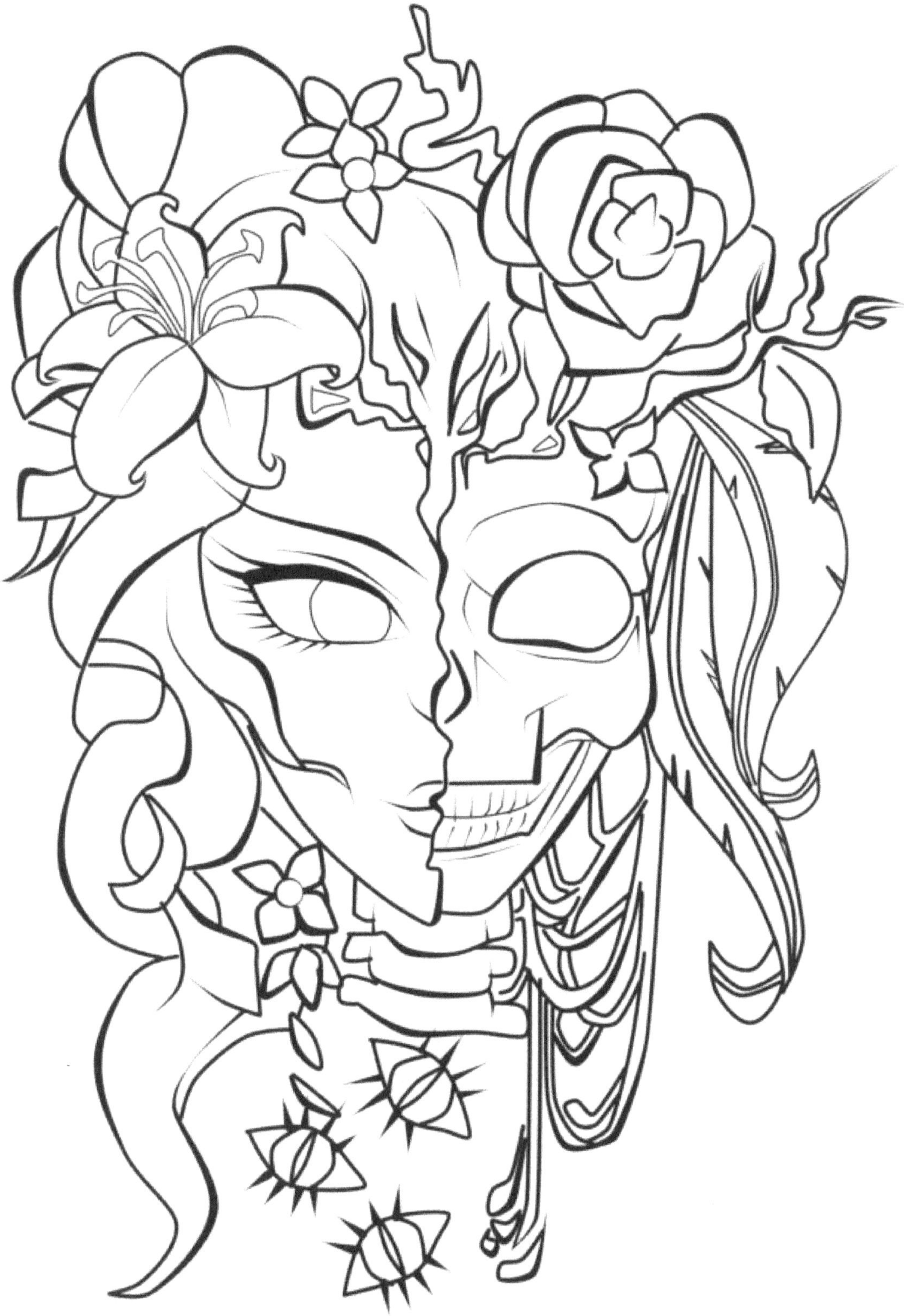

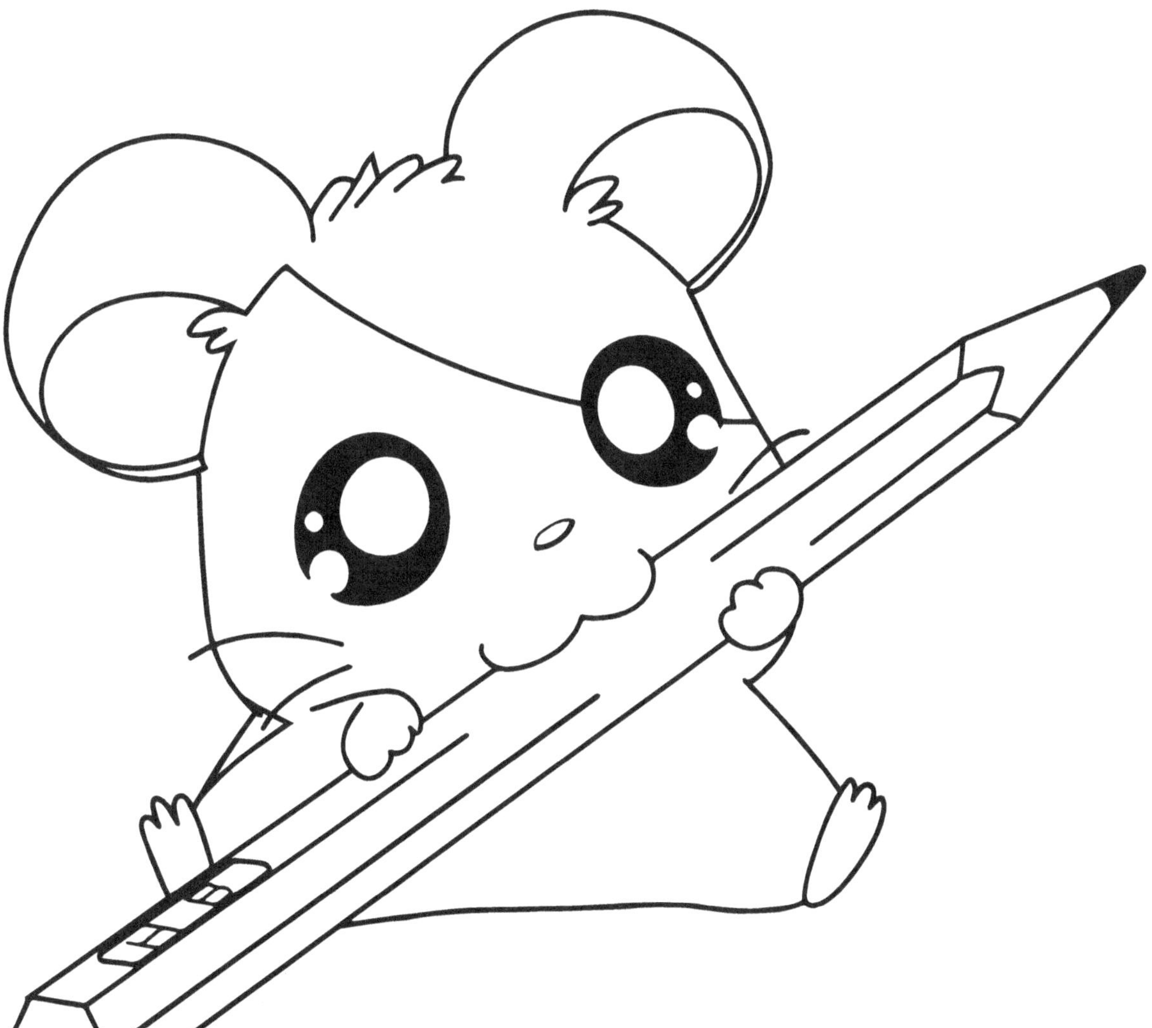

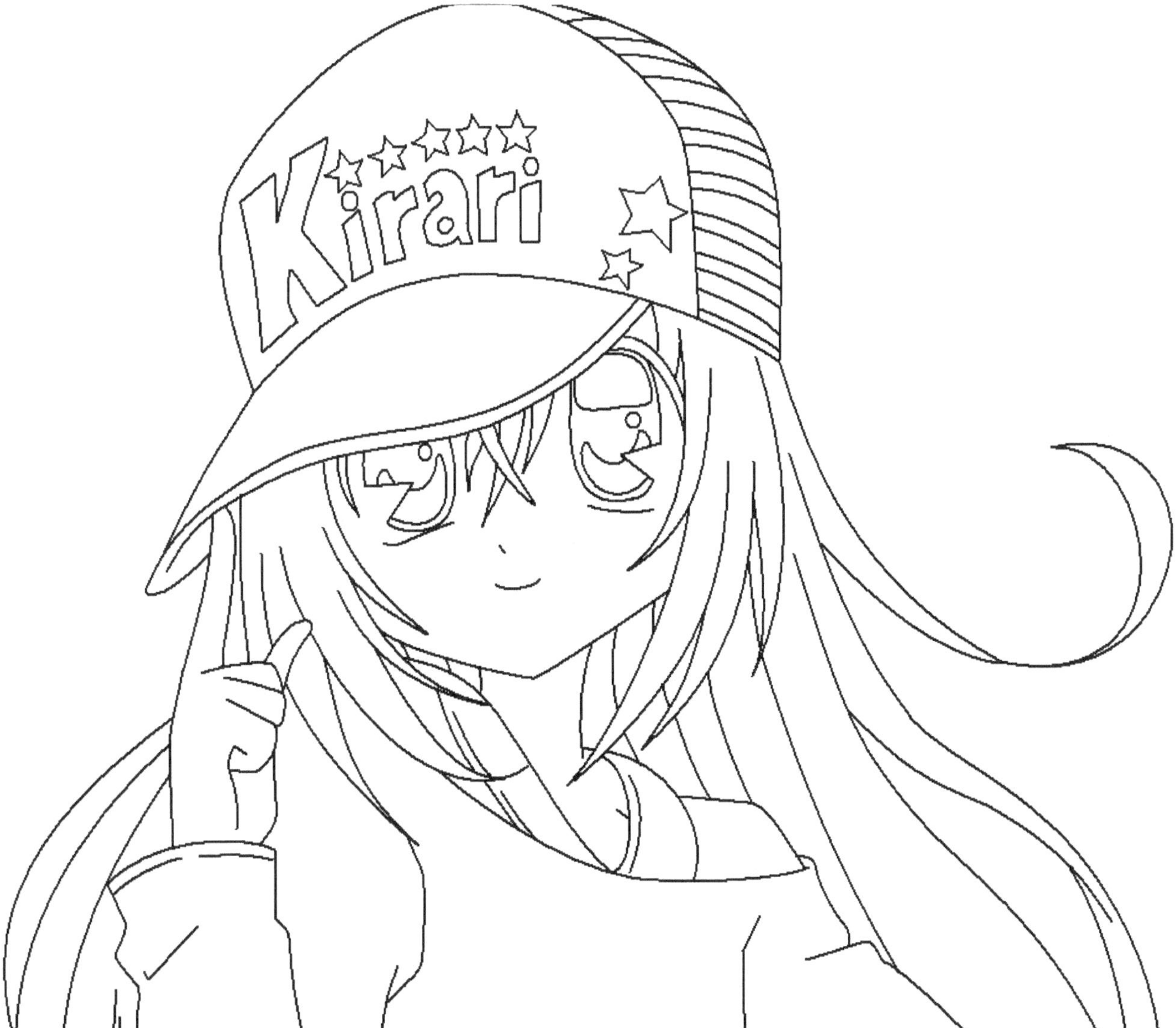
Kirari

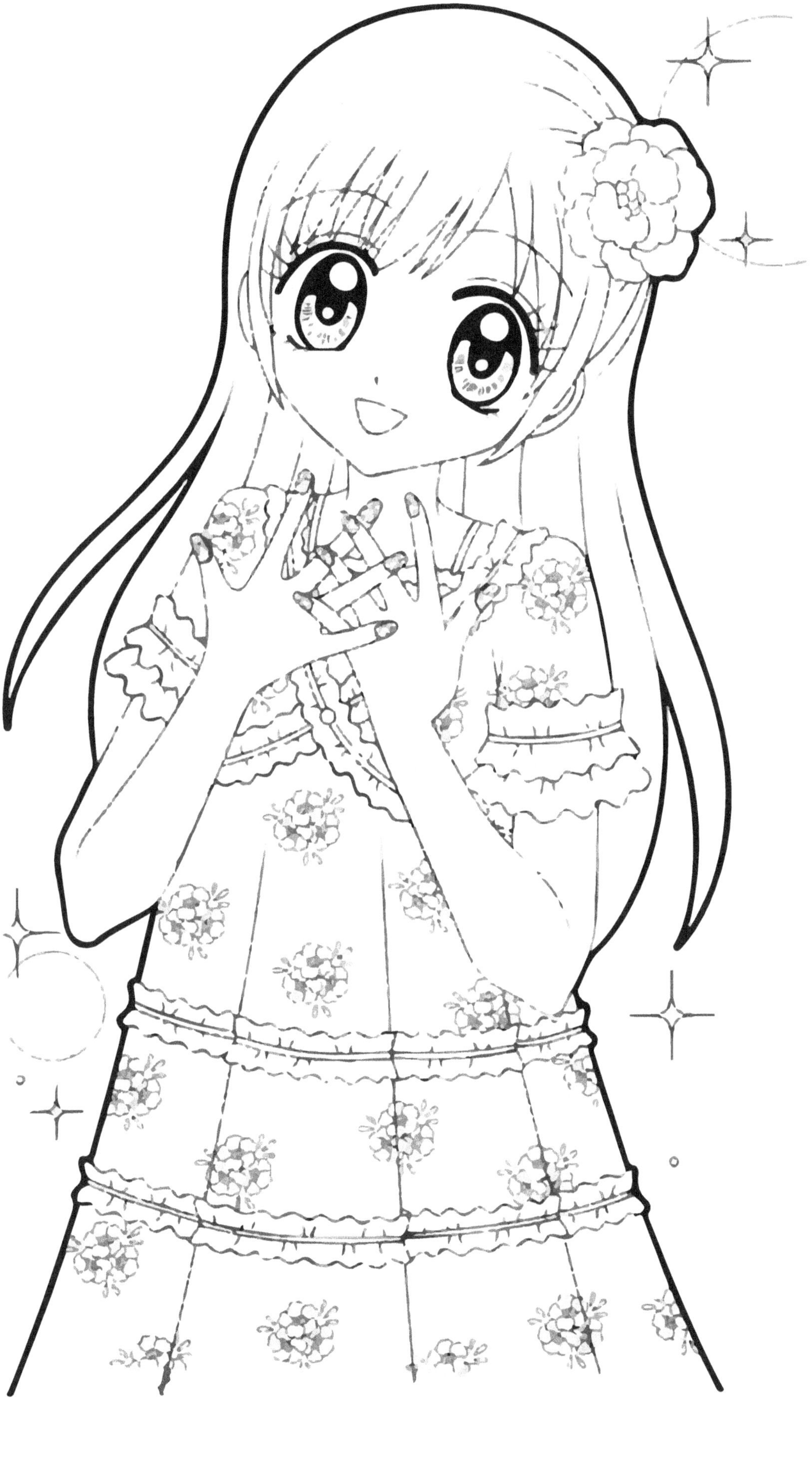

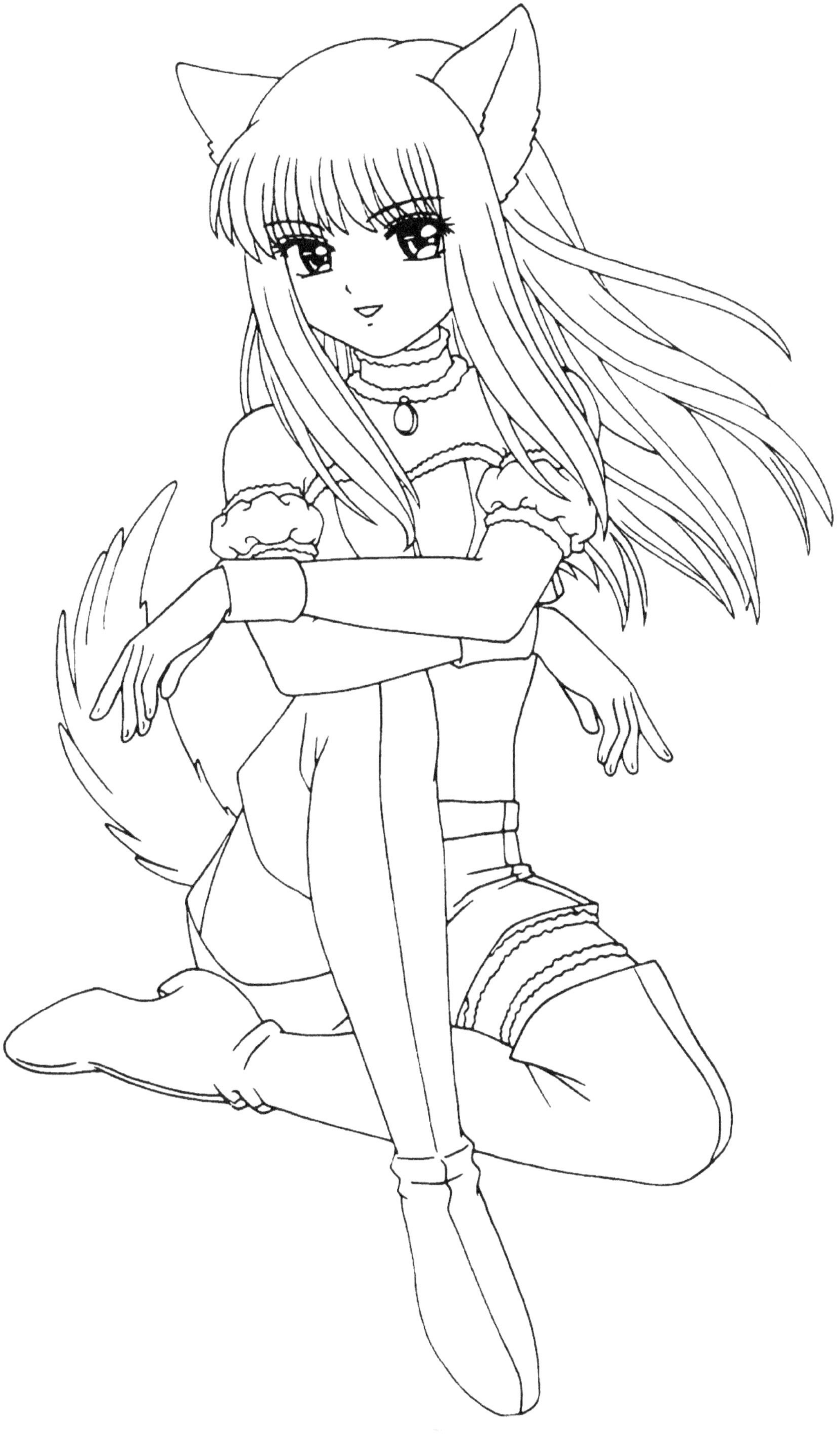

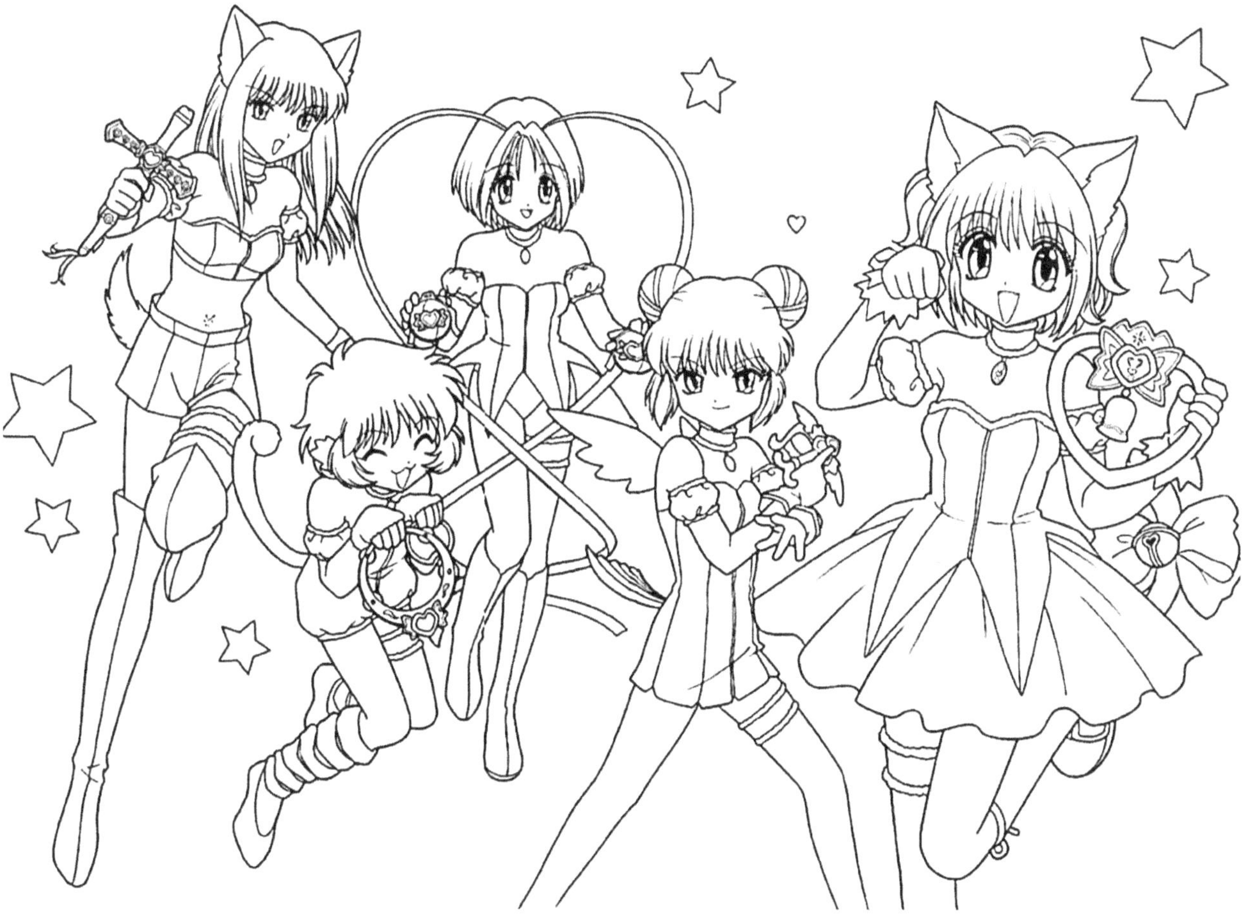

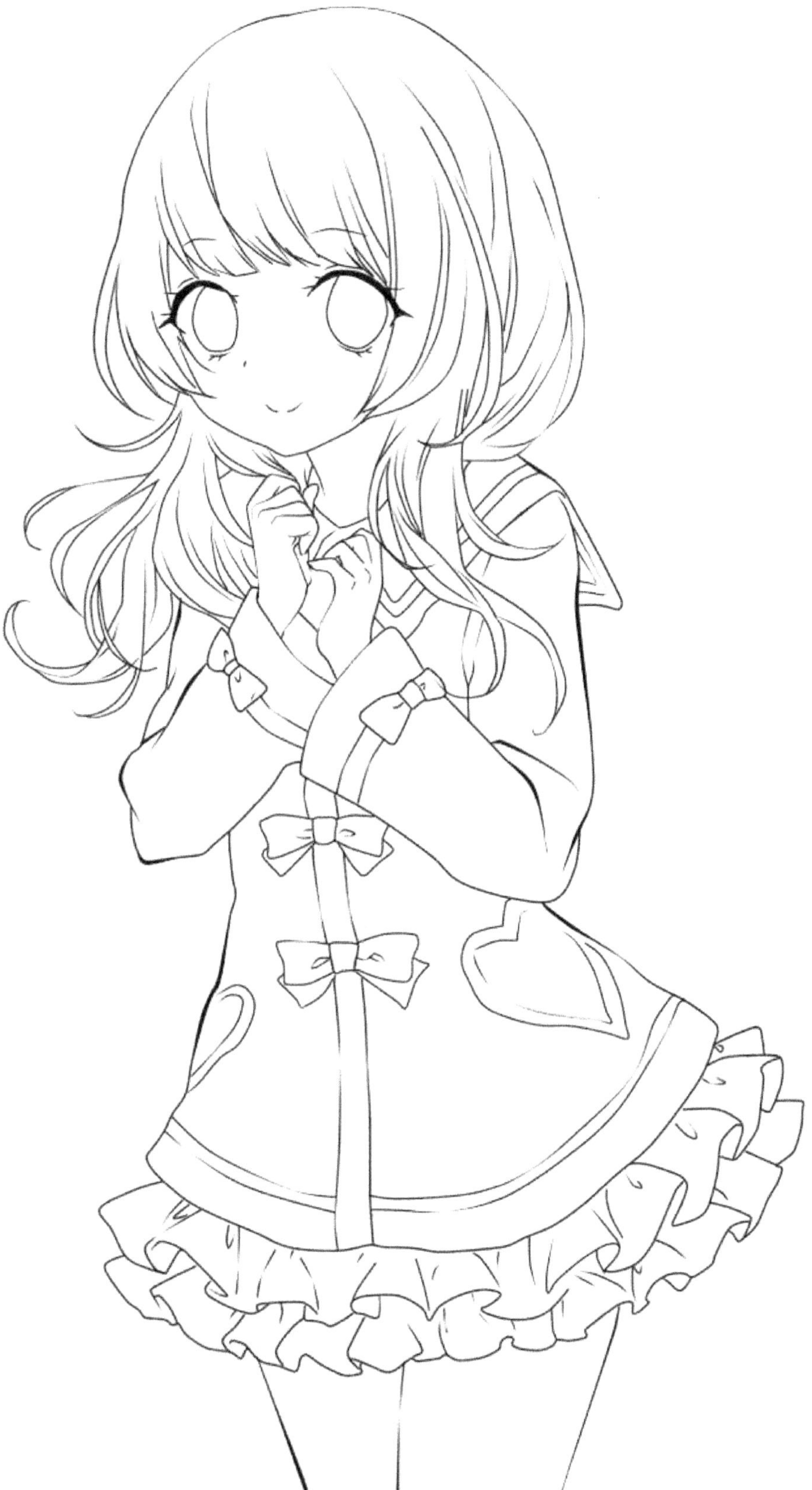

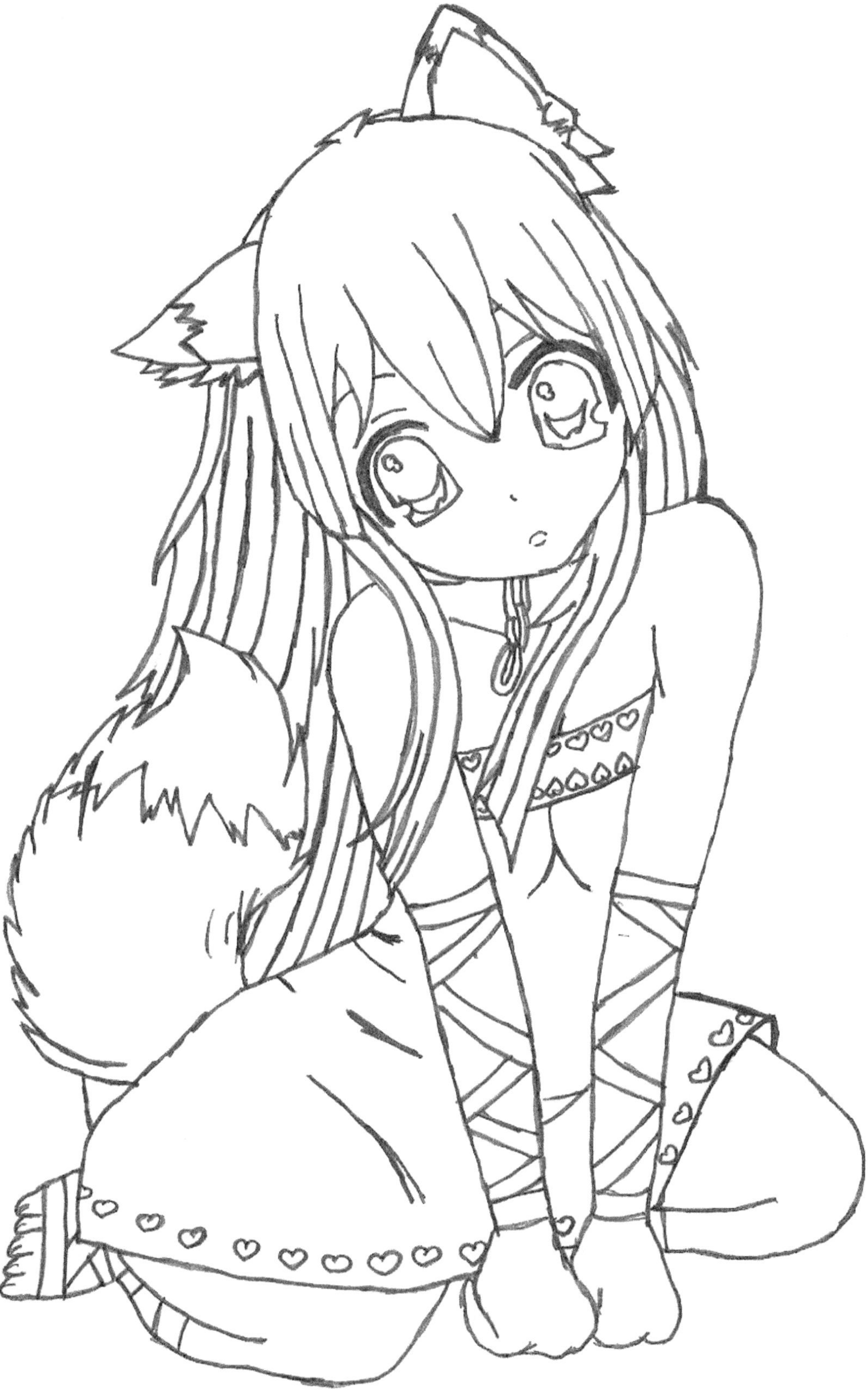

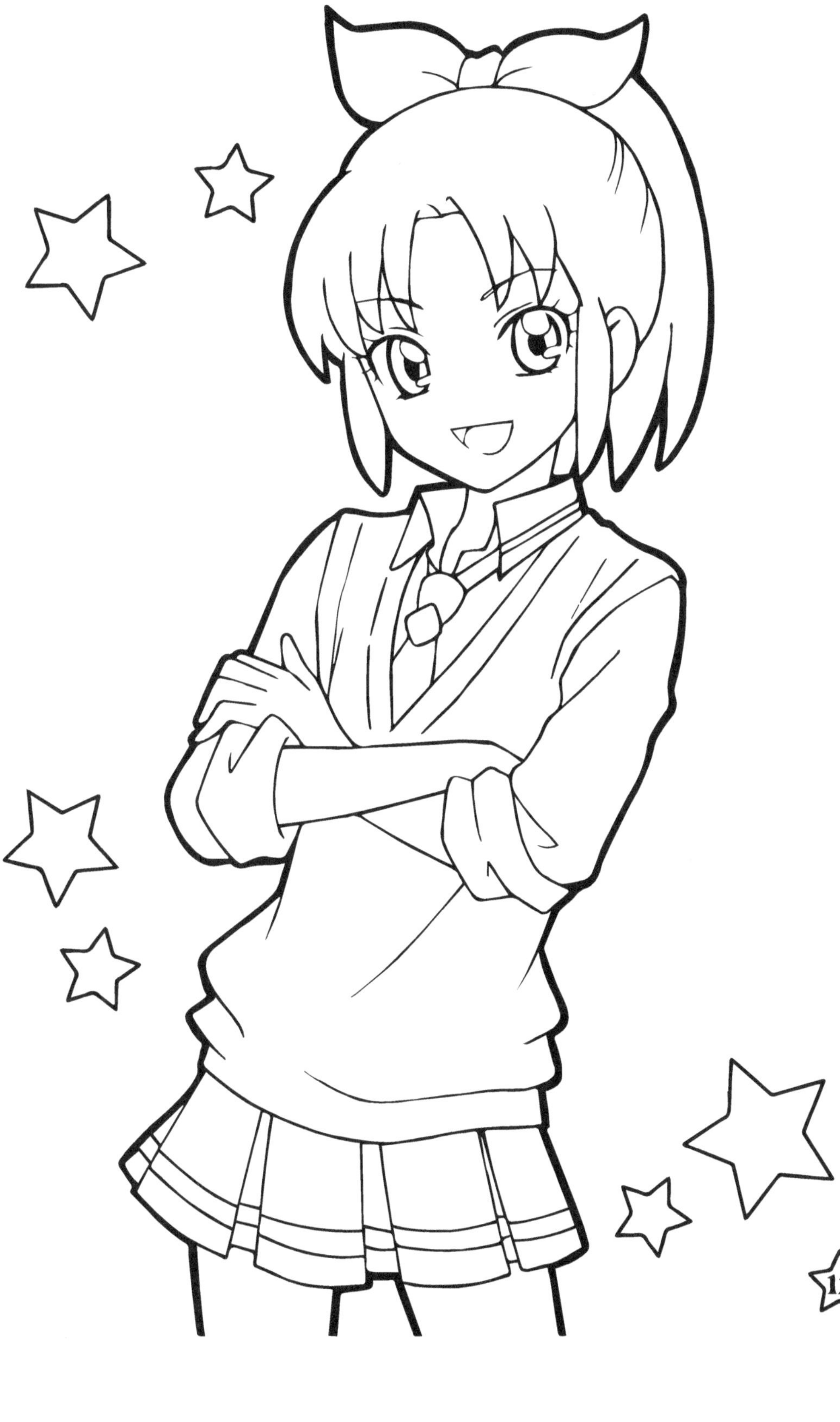

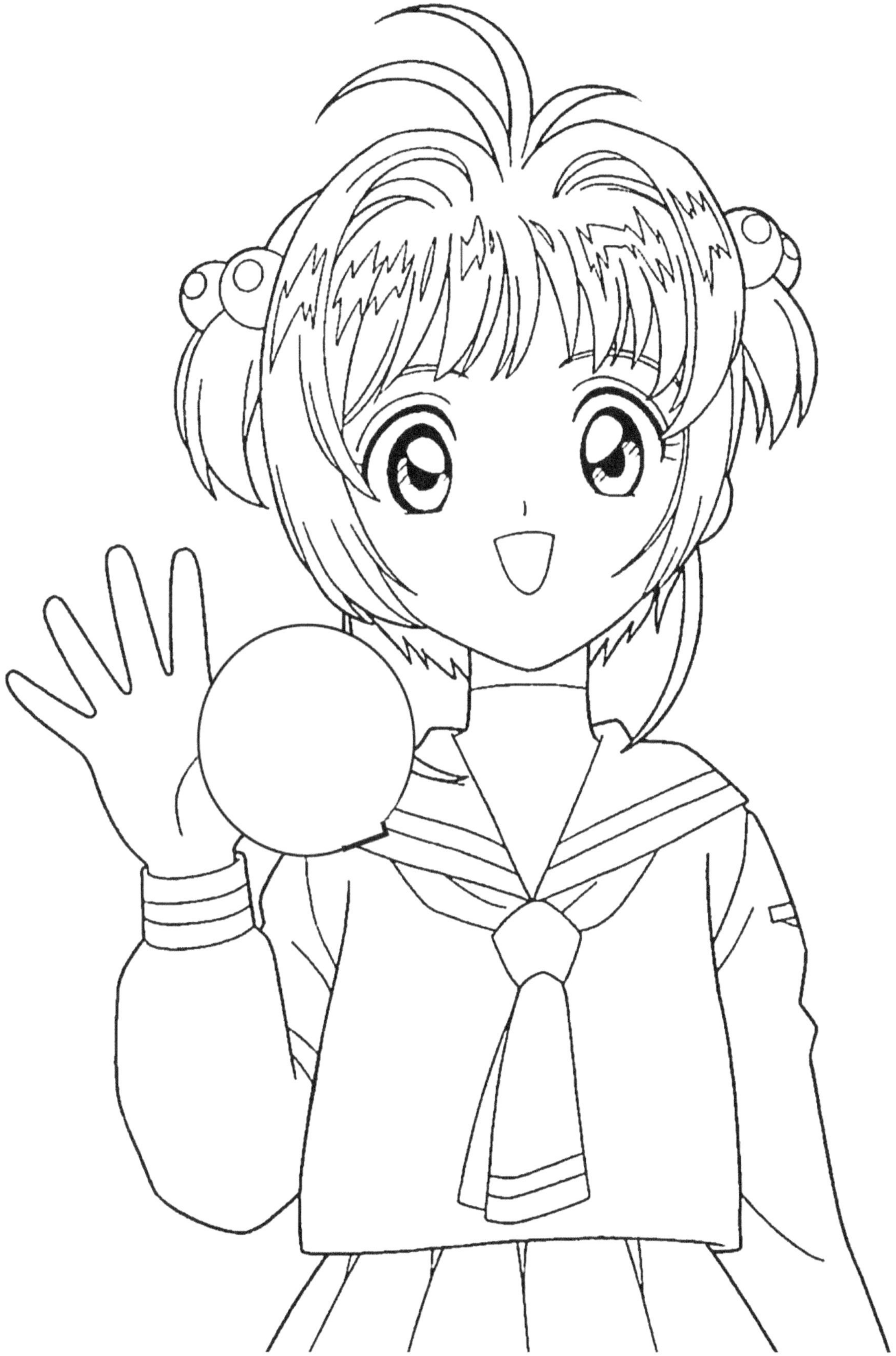

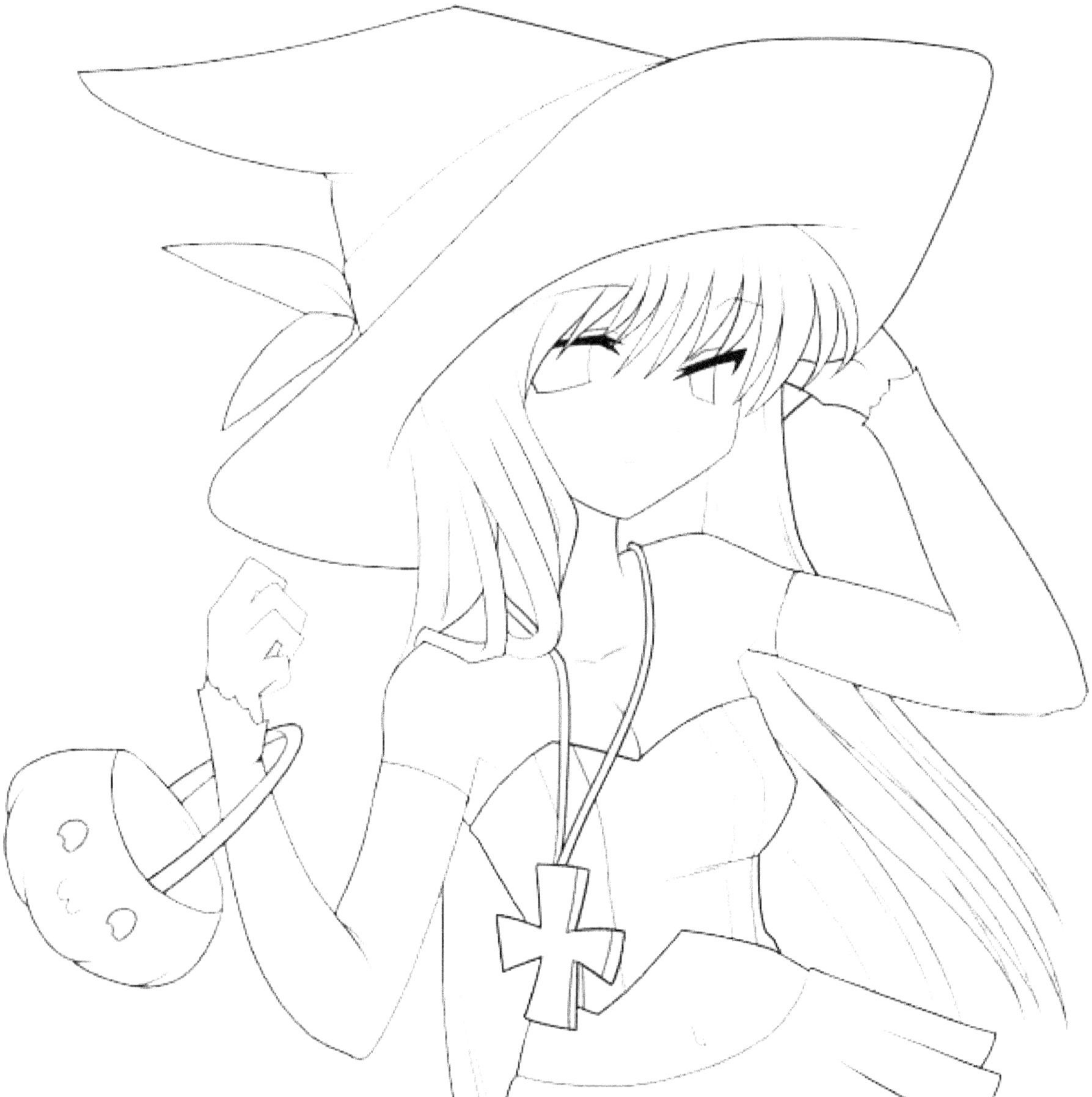

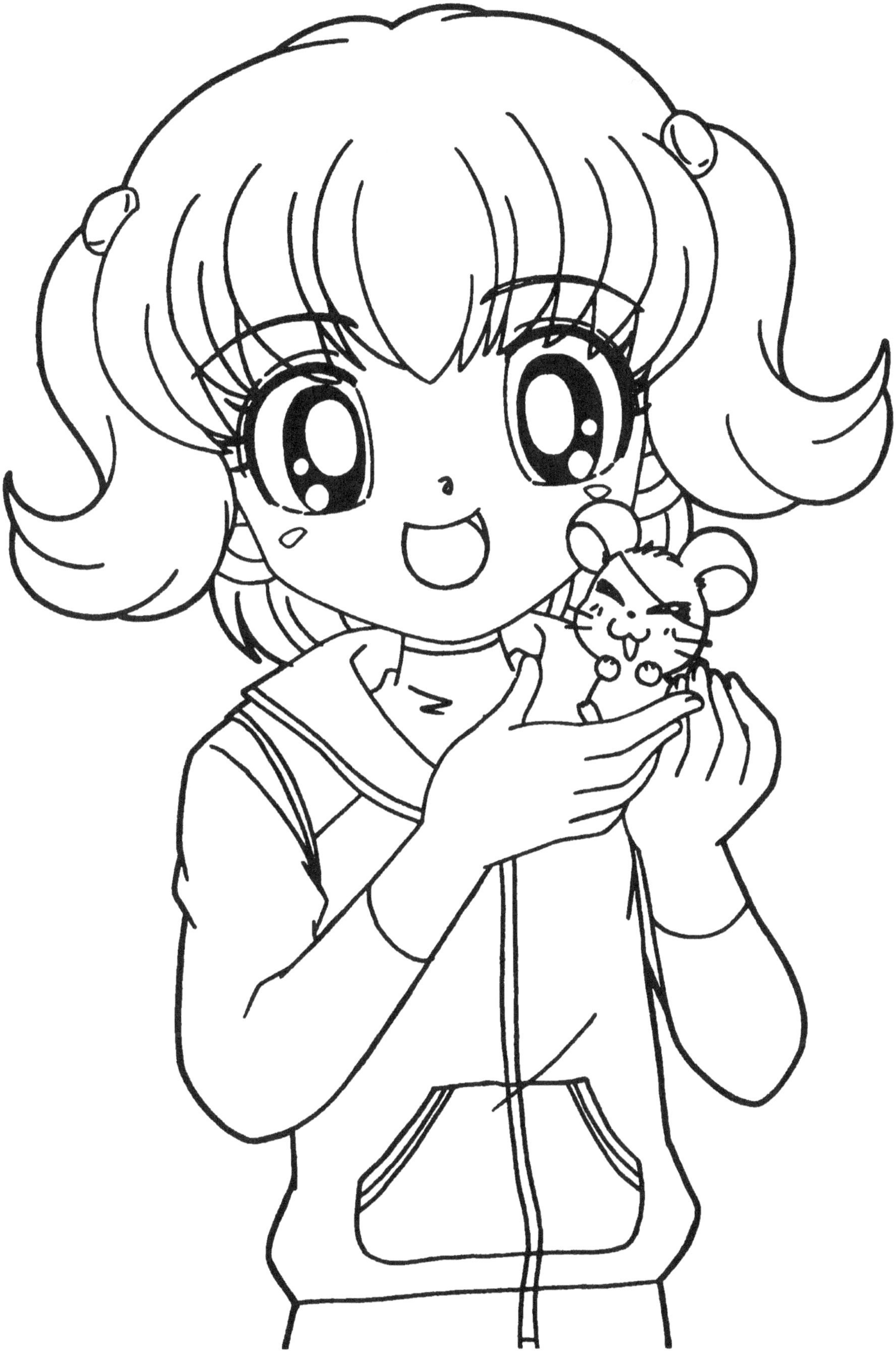

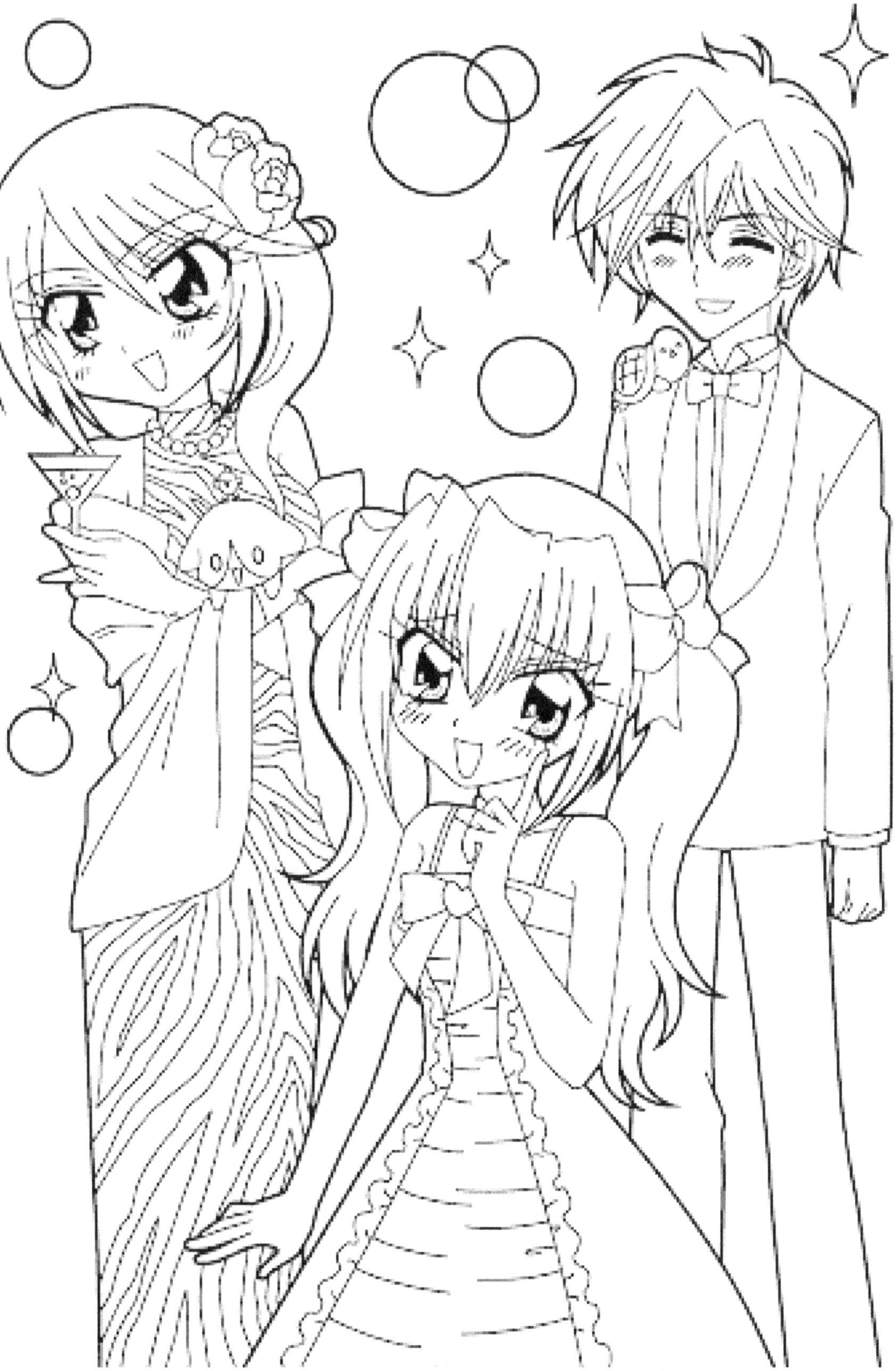

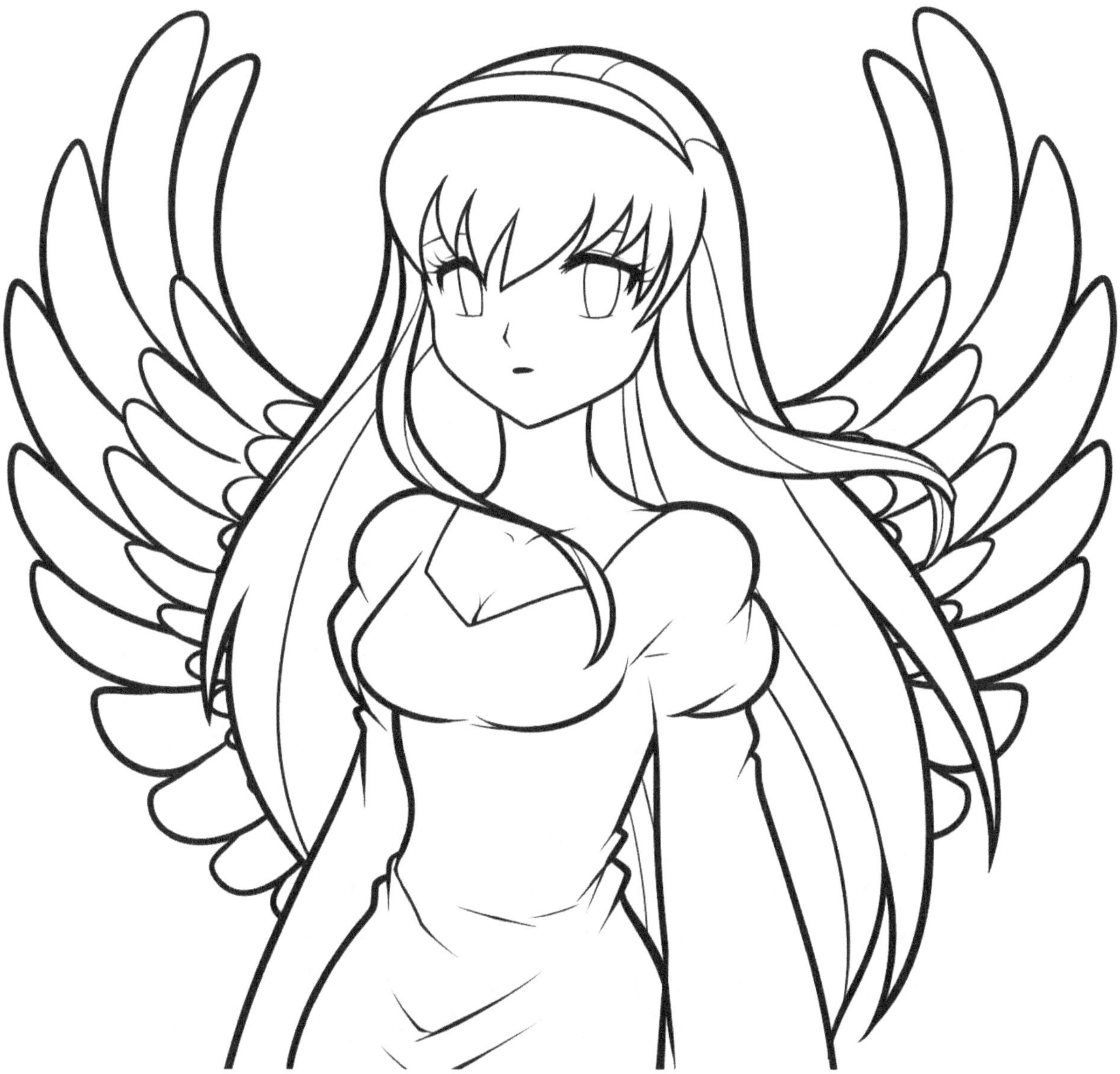

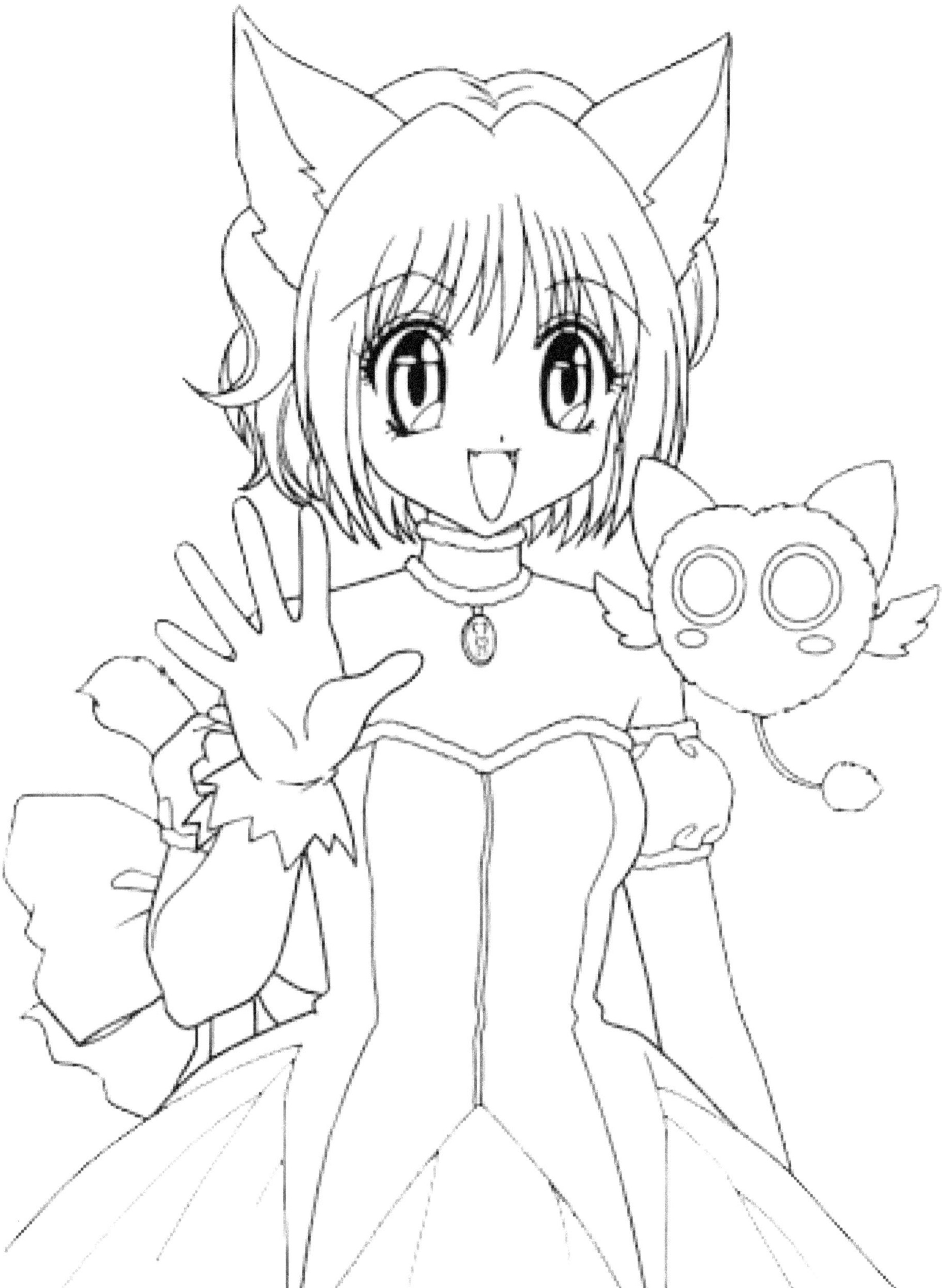

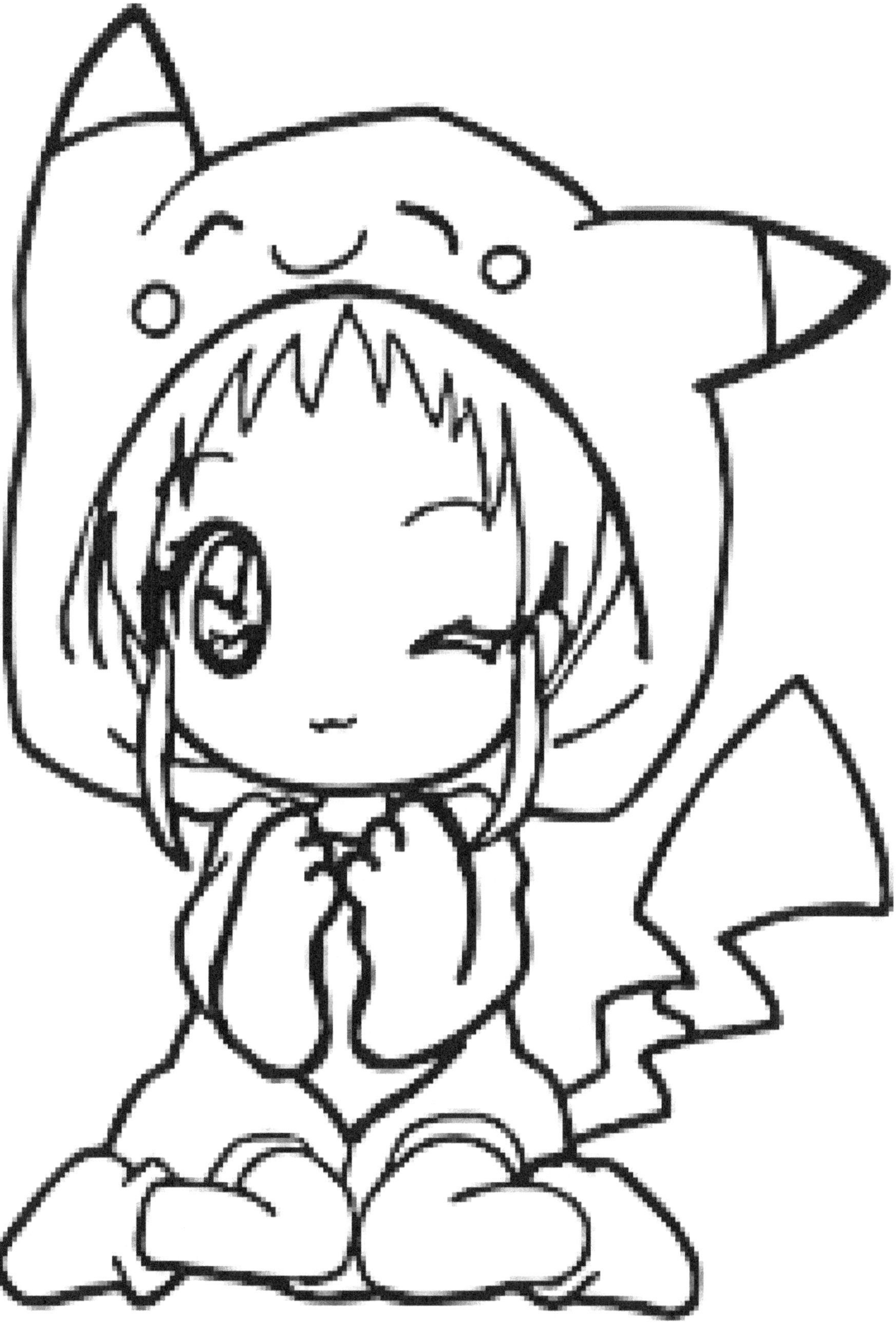

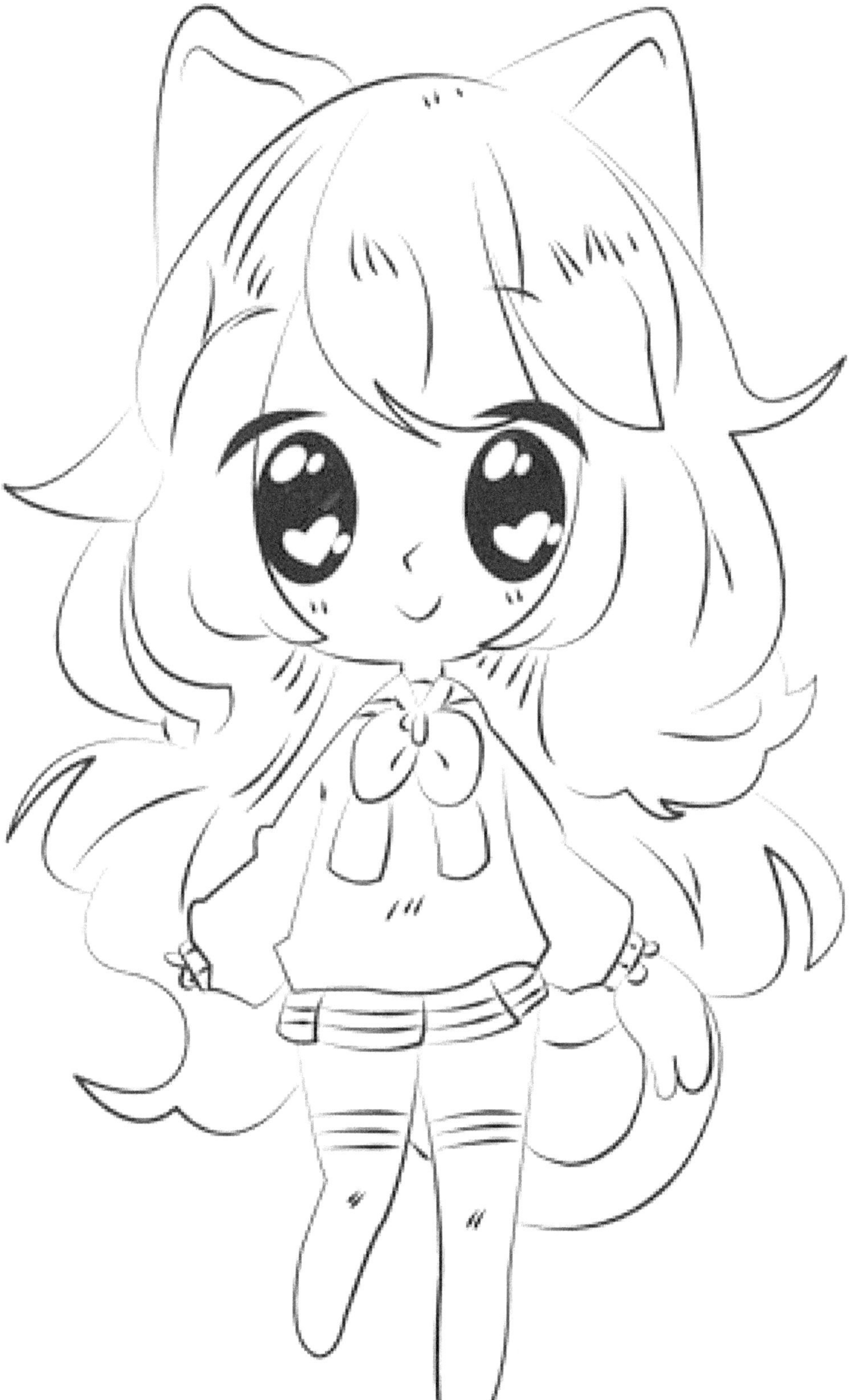

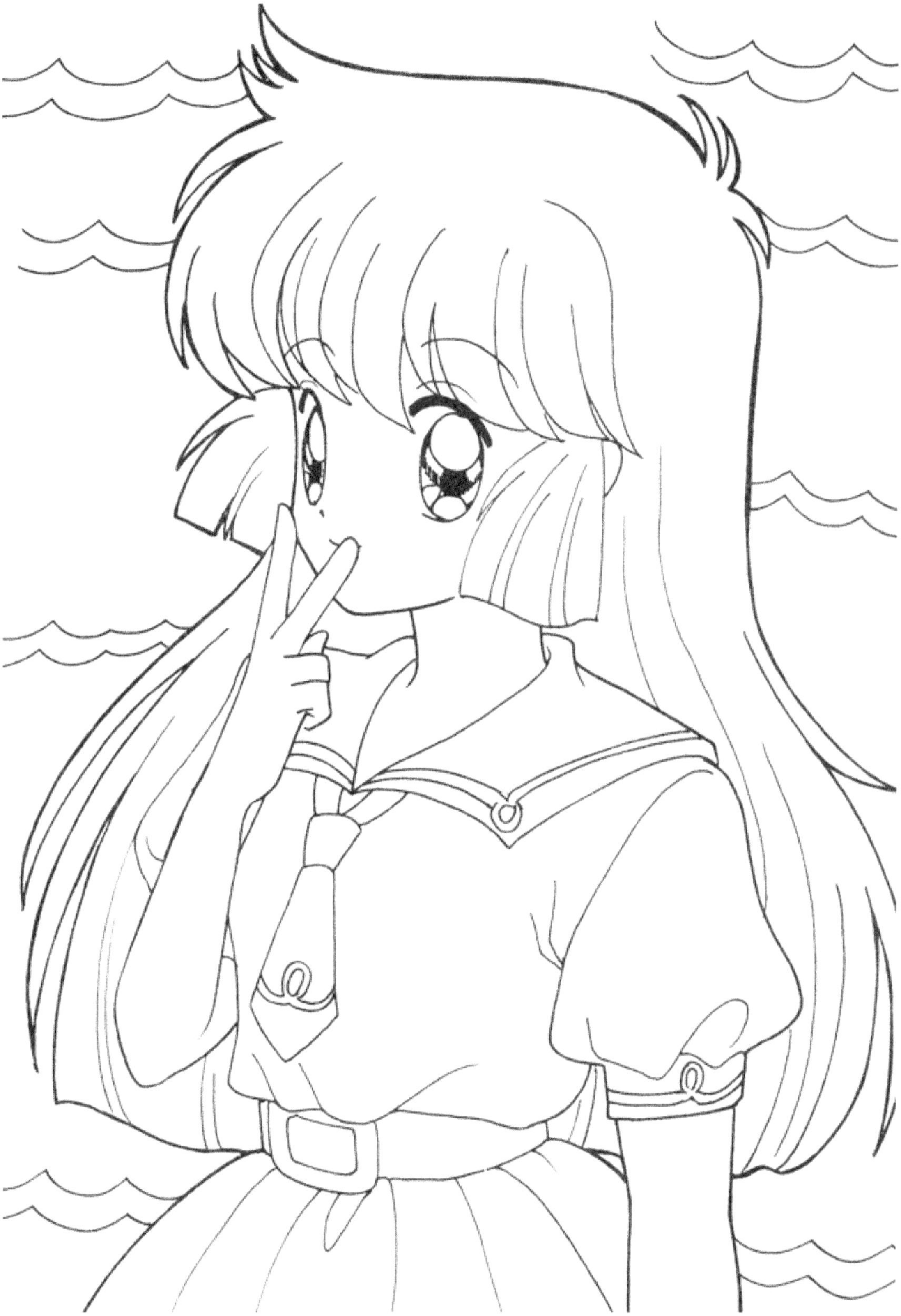

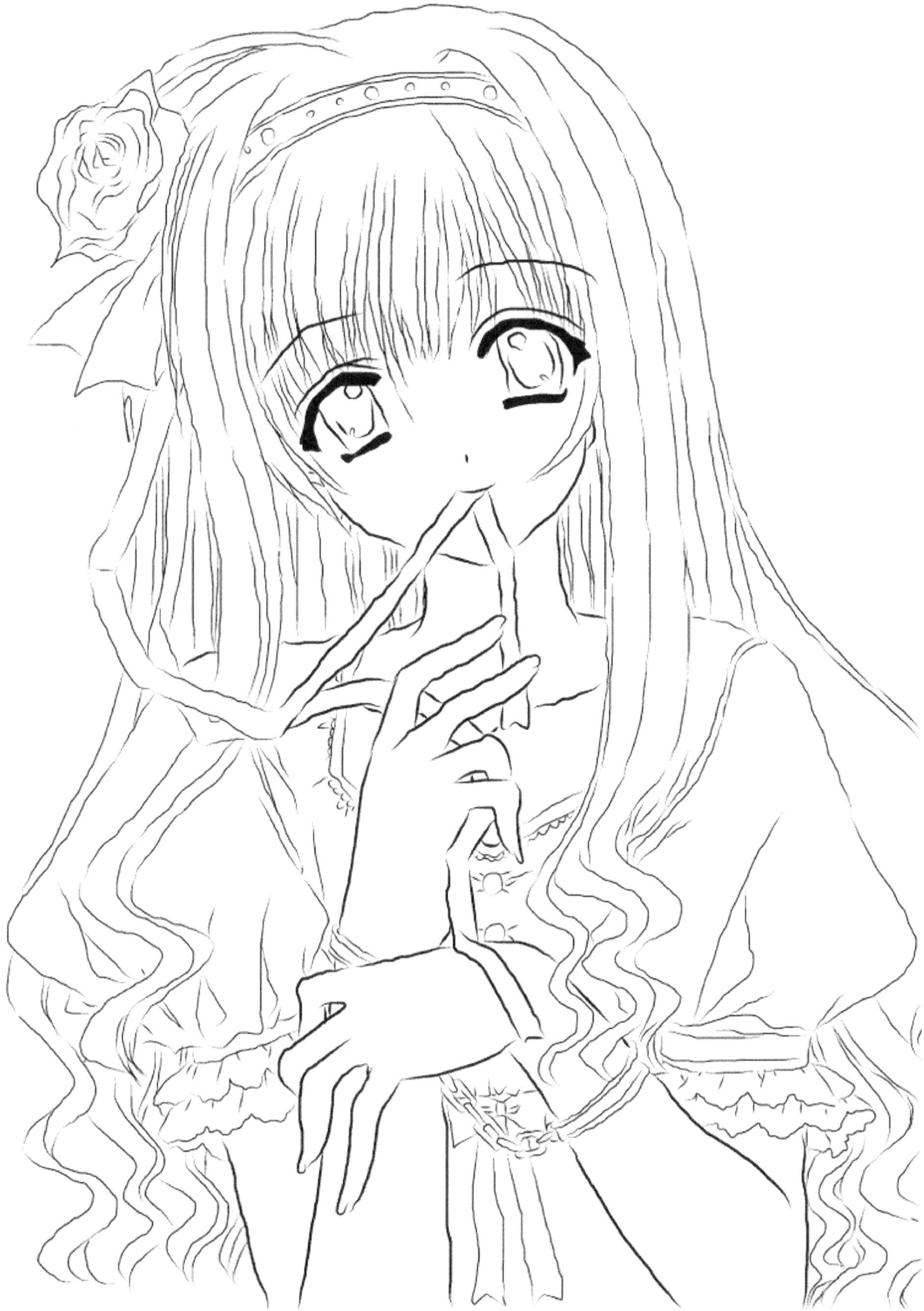

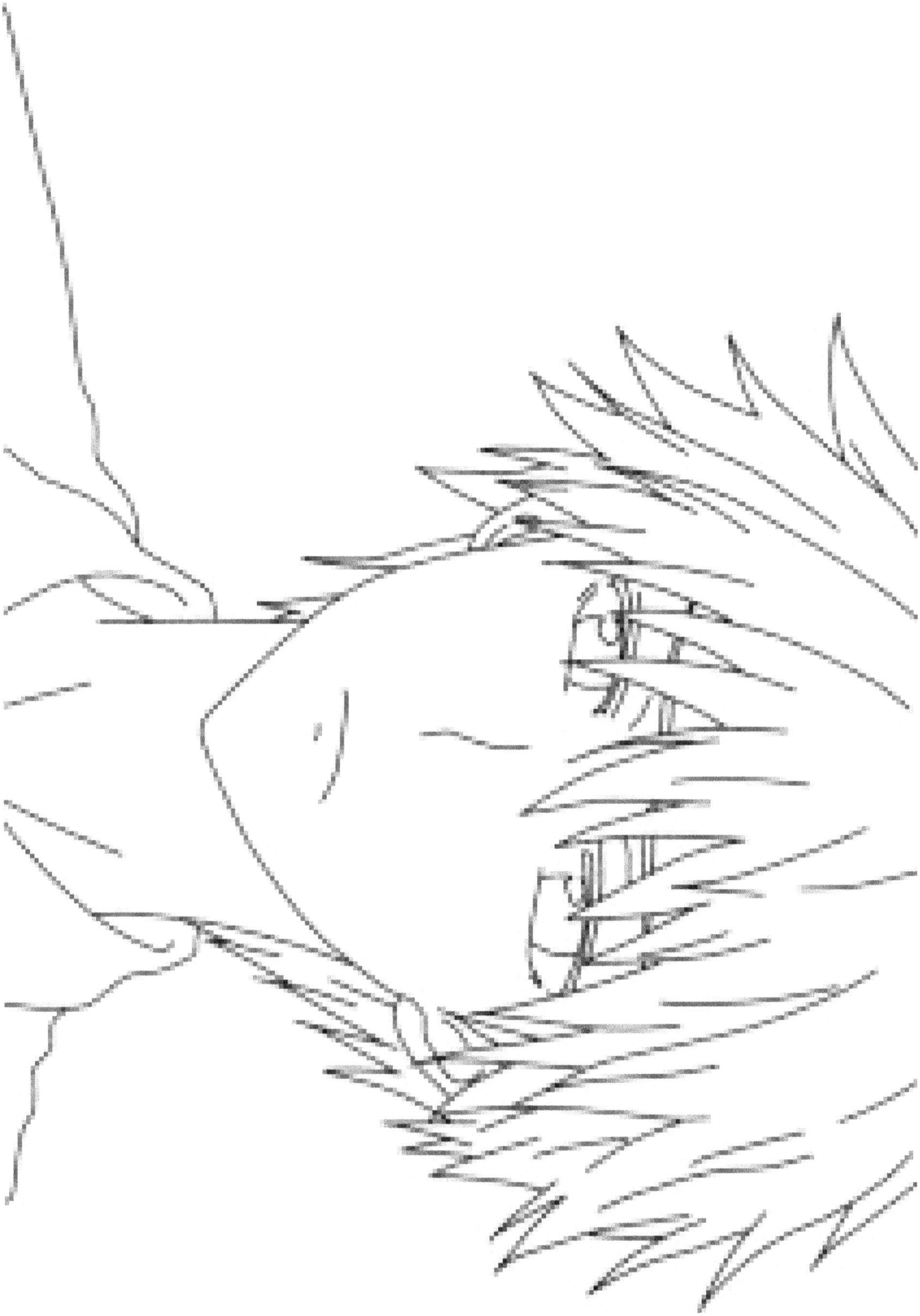

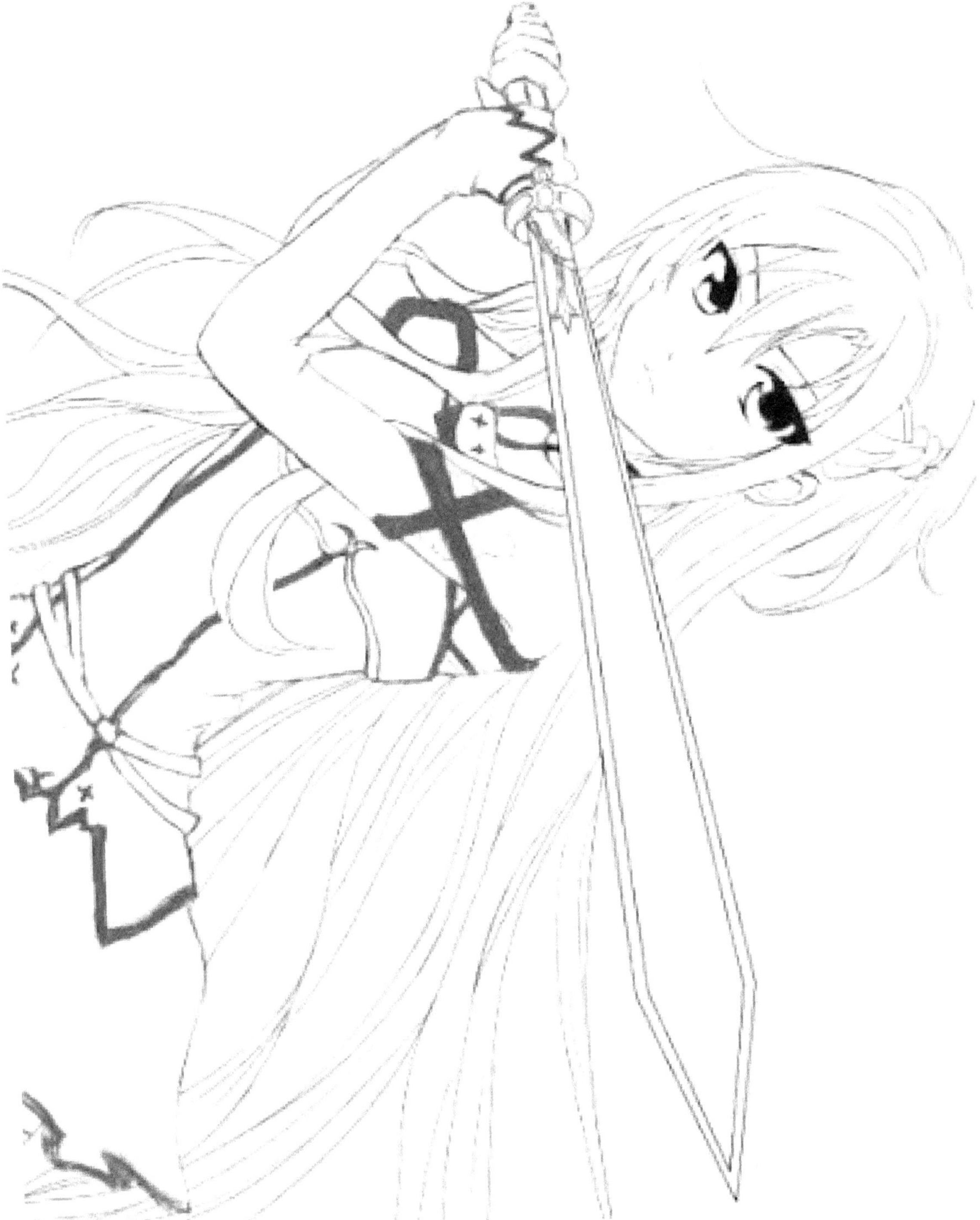

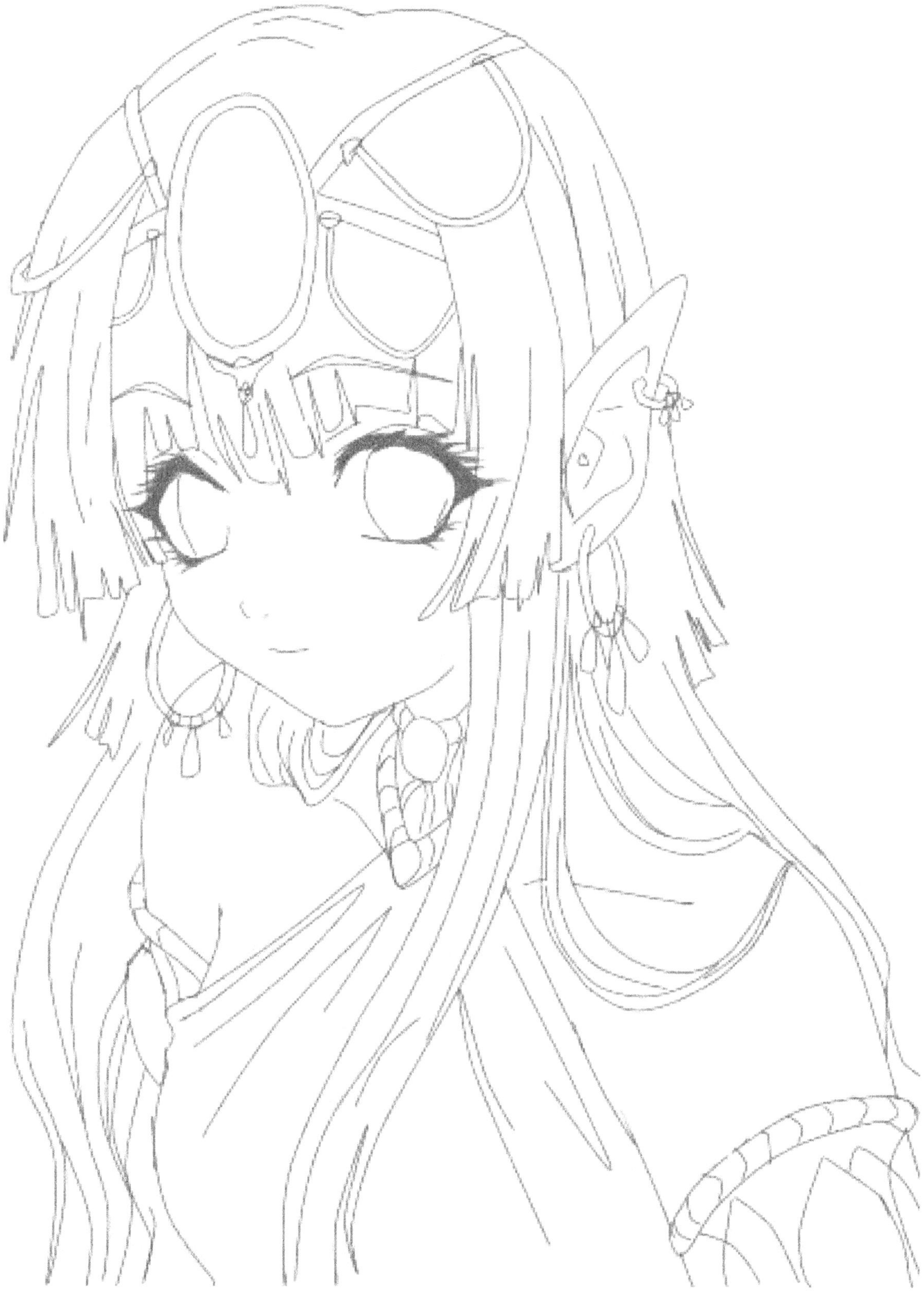

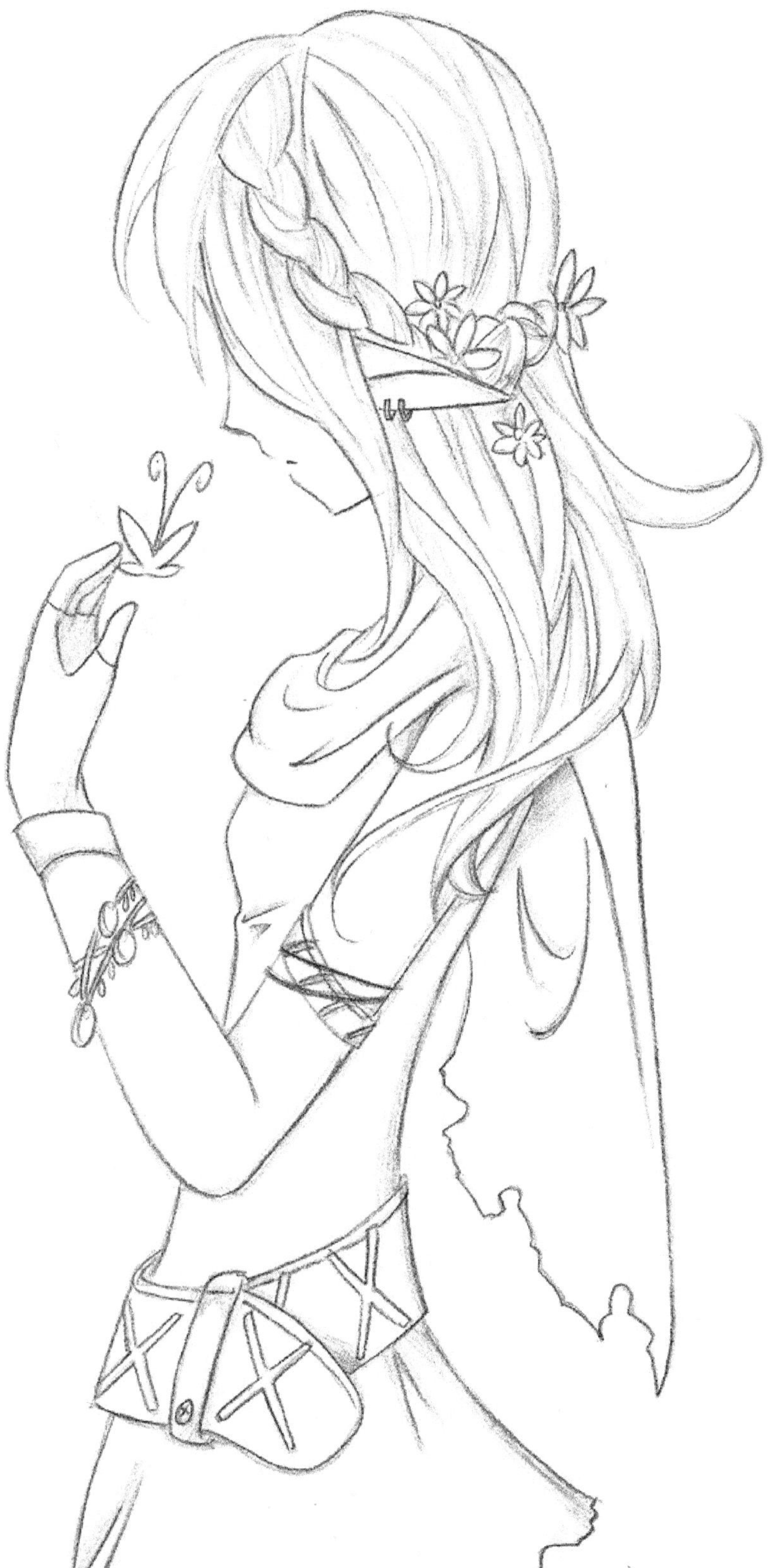

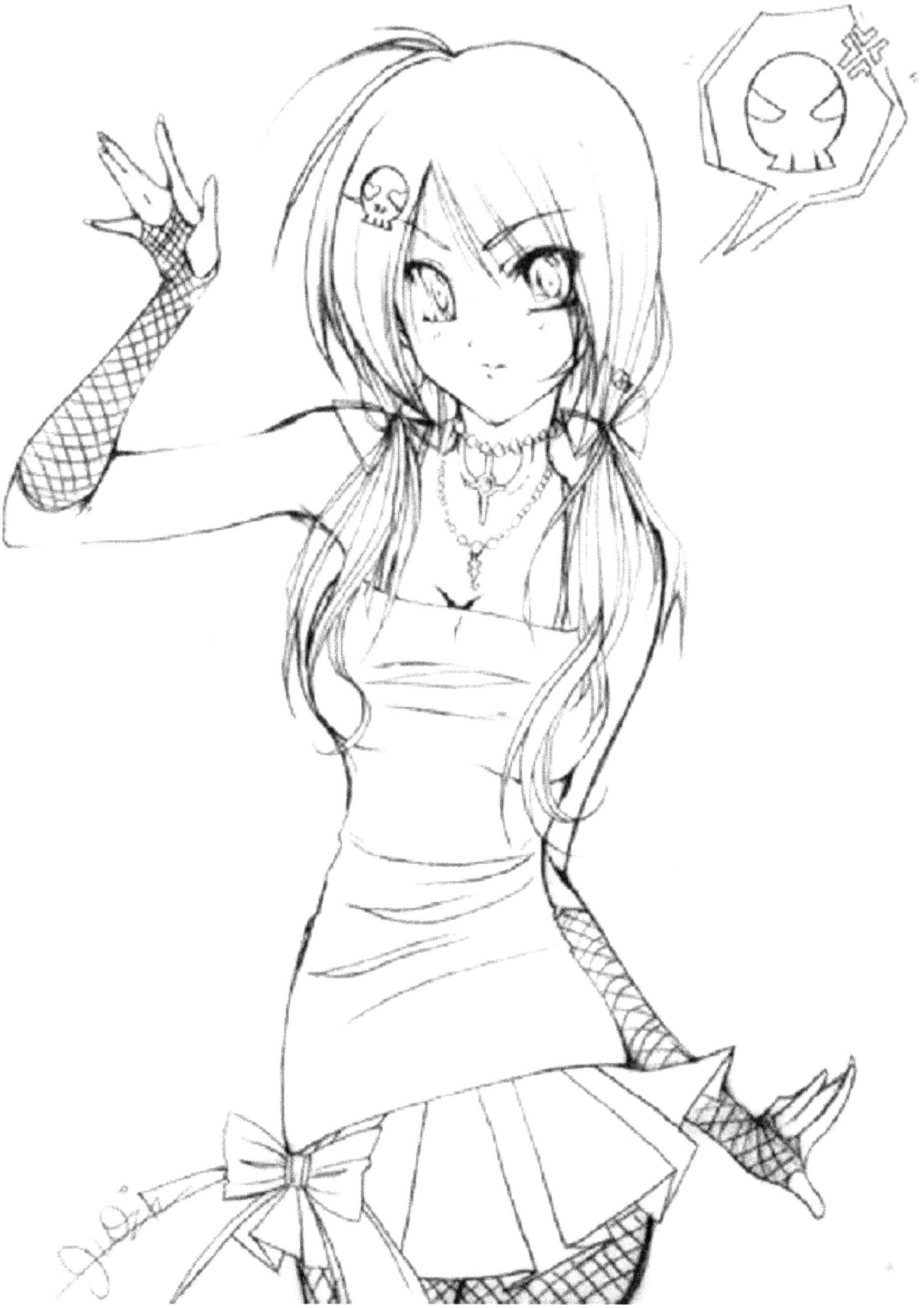

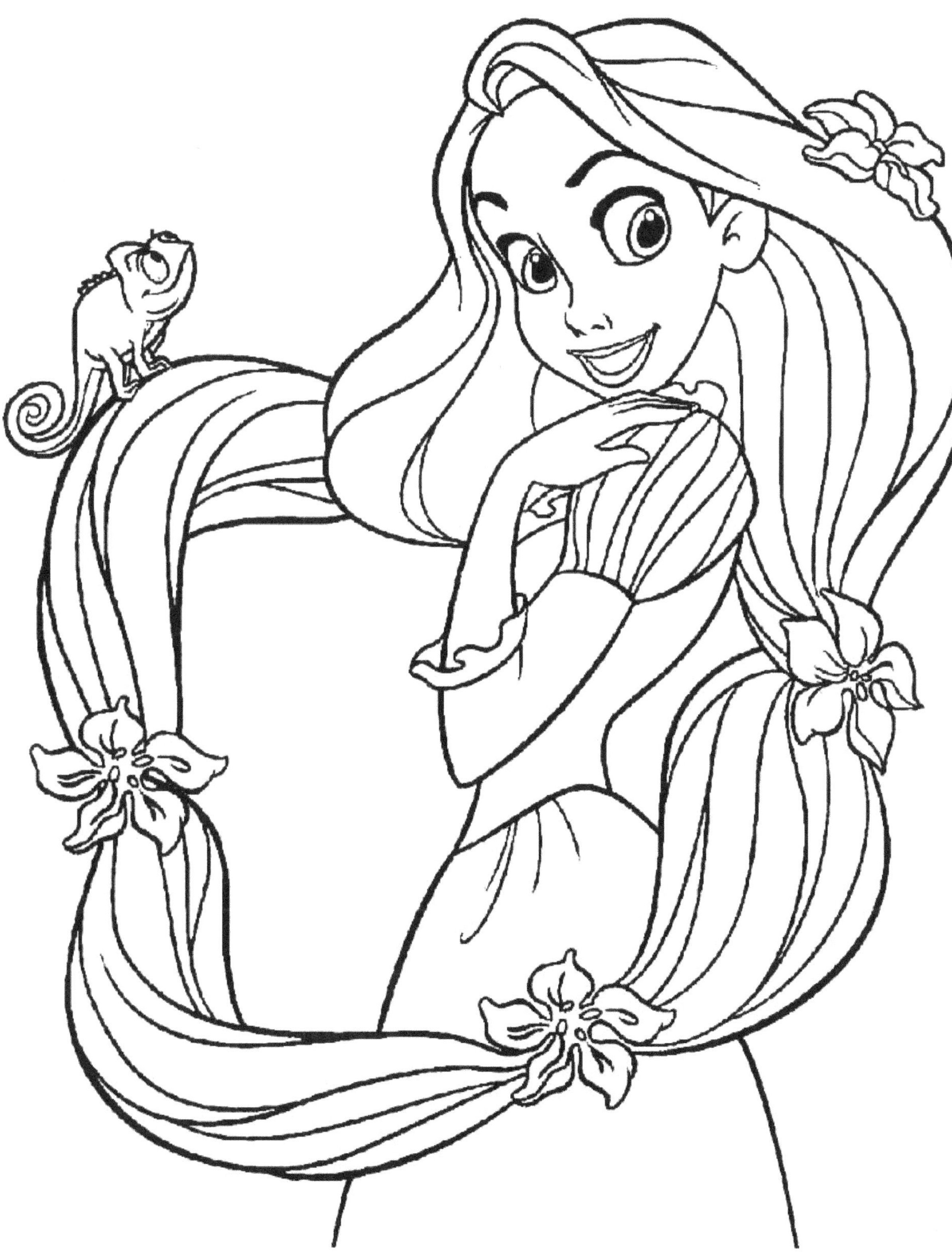

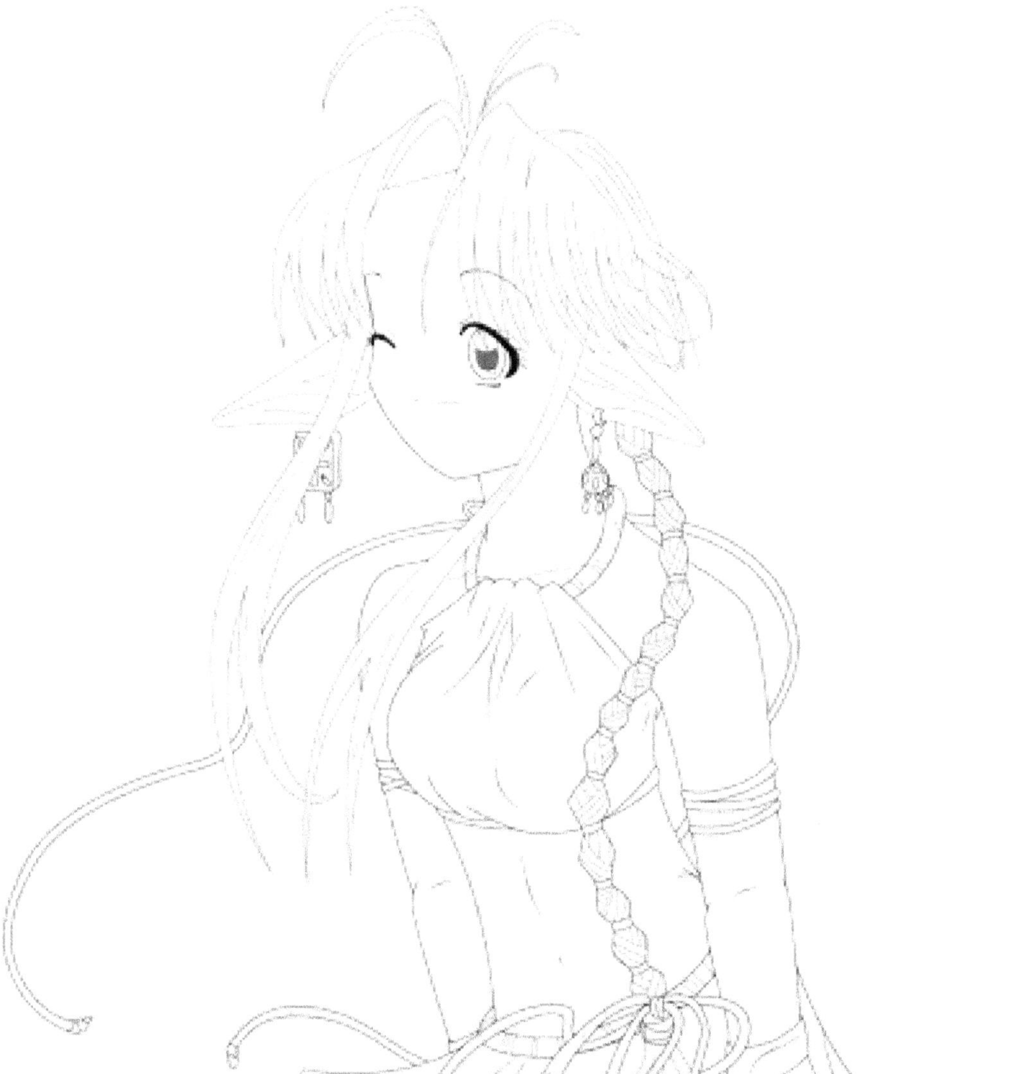

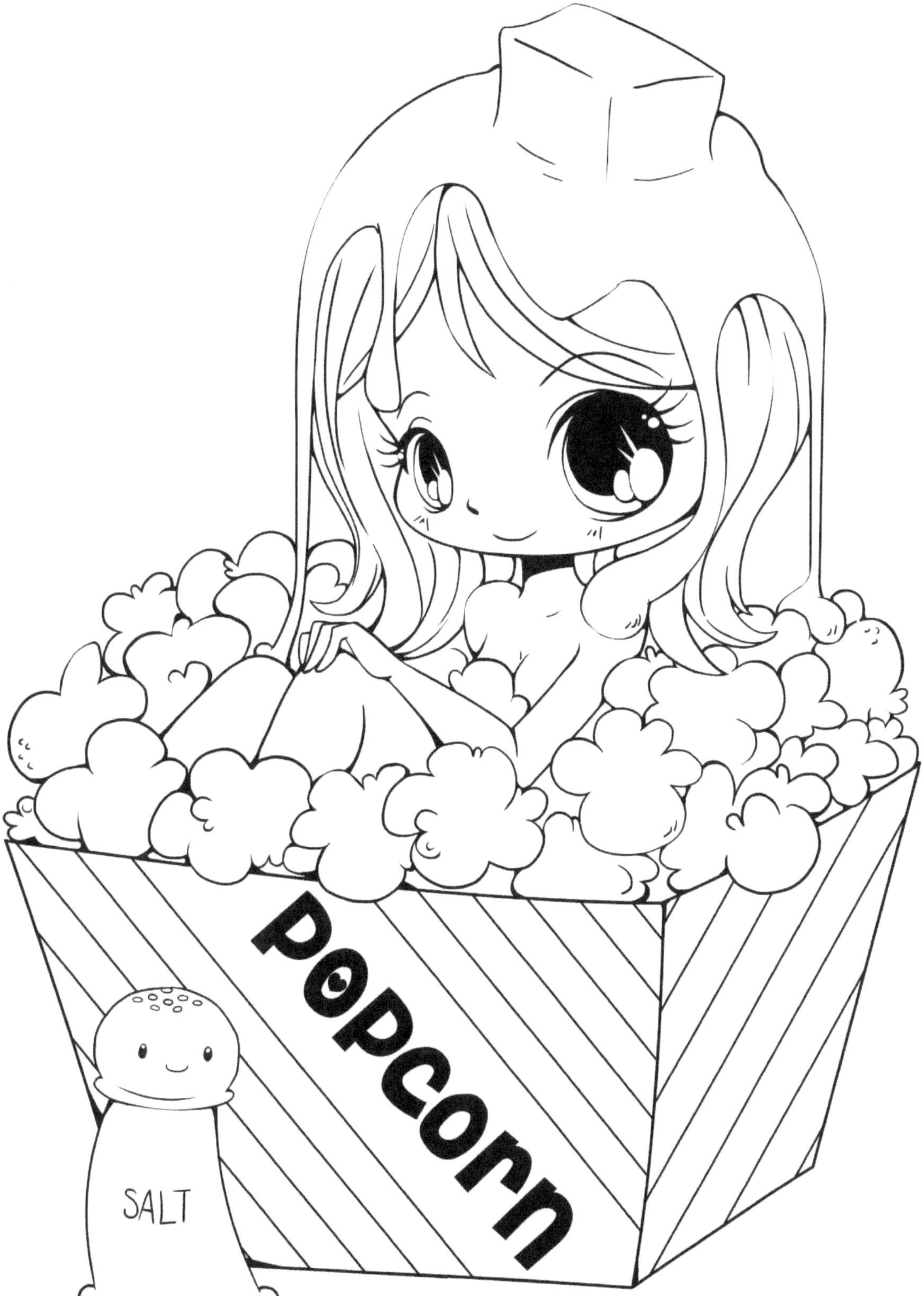
POPCORN
SALT

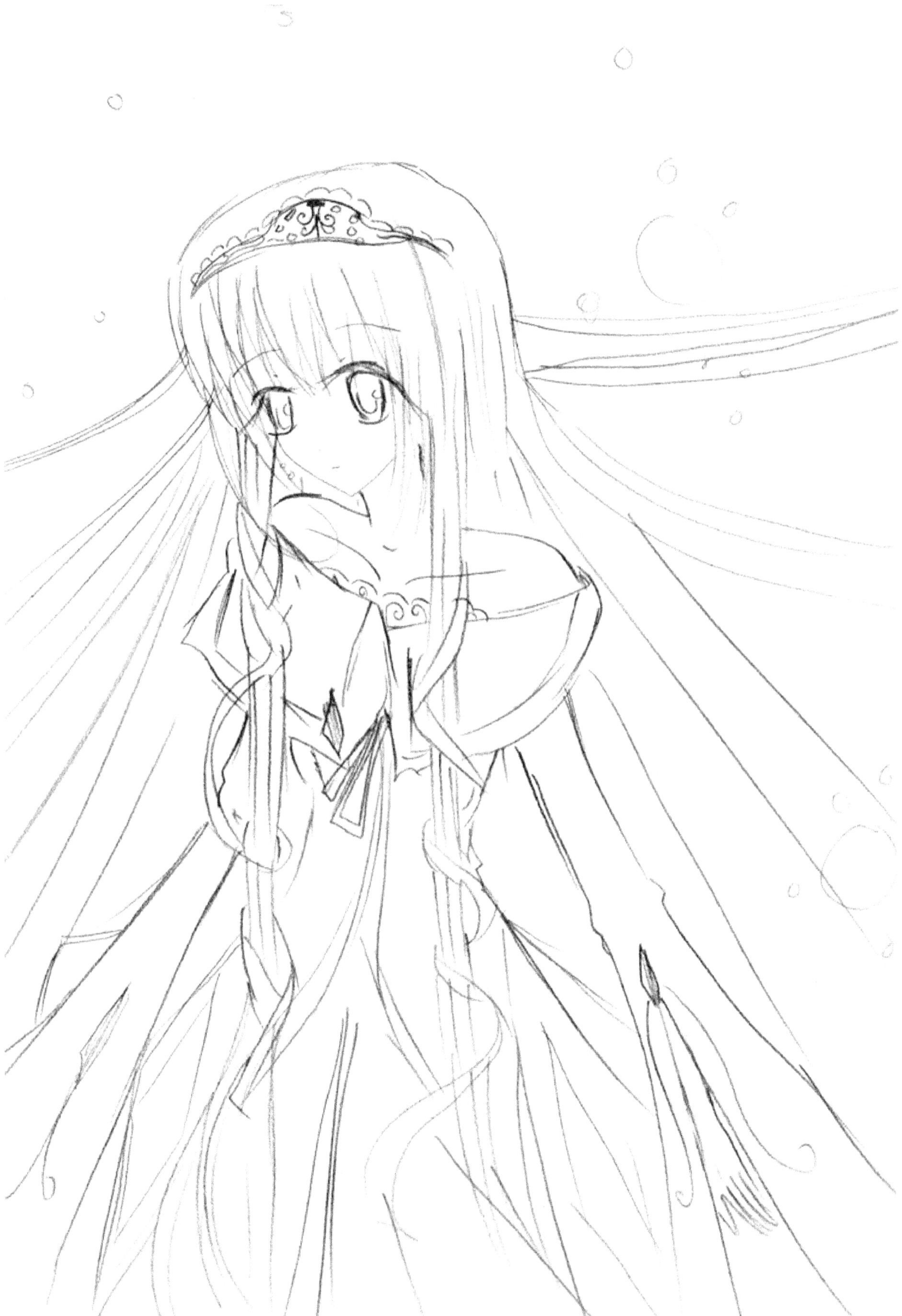

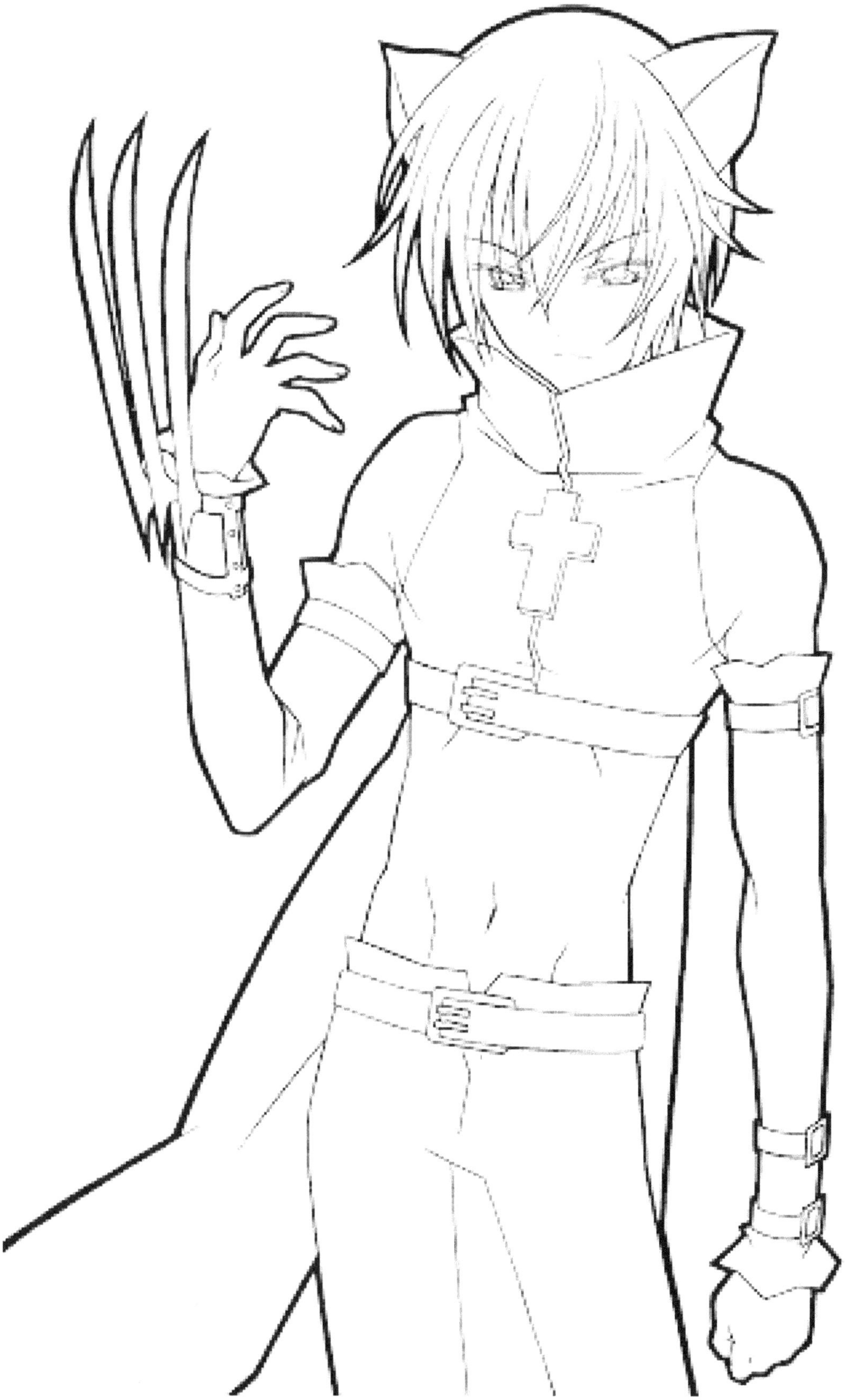

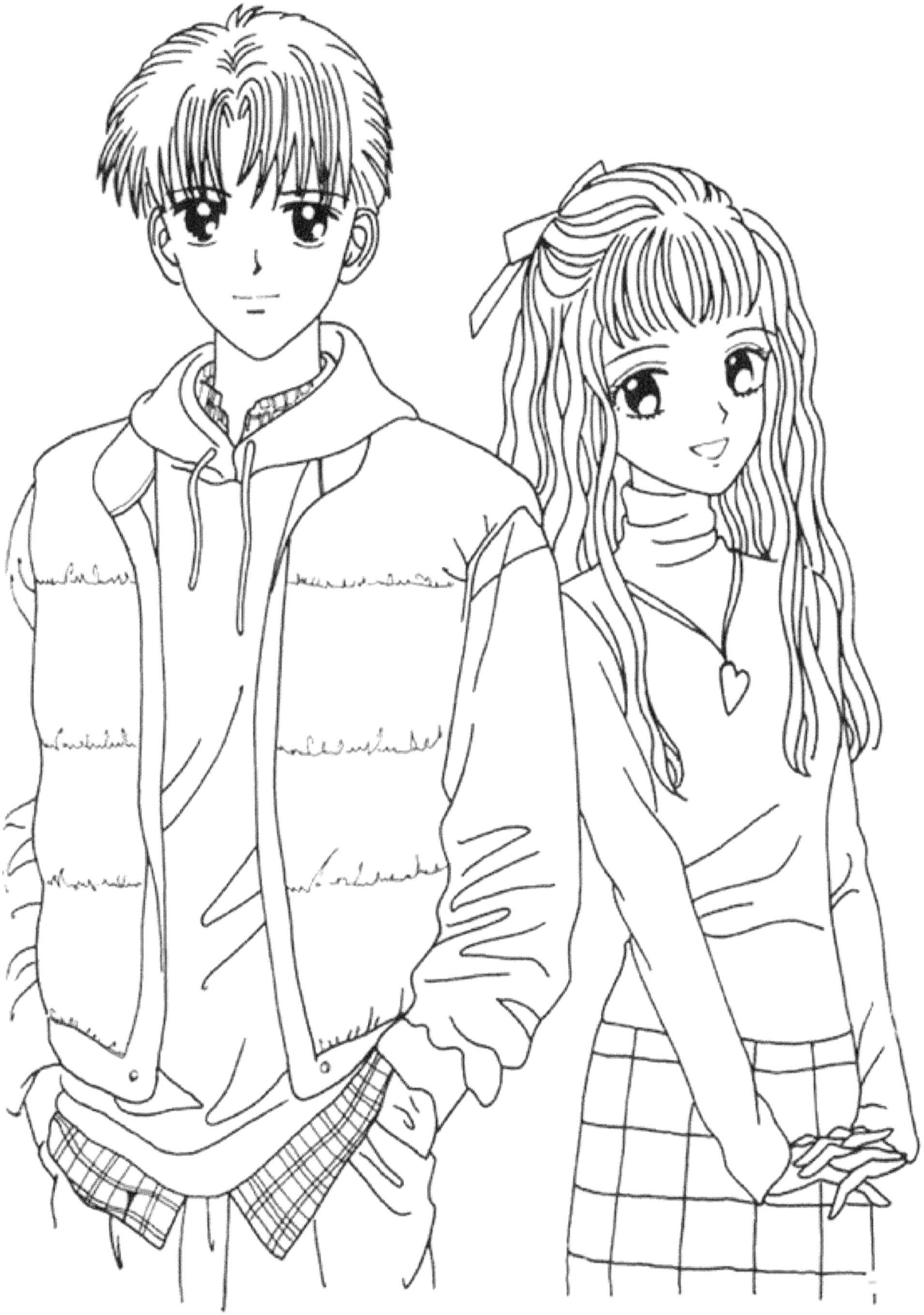

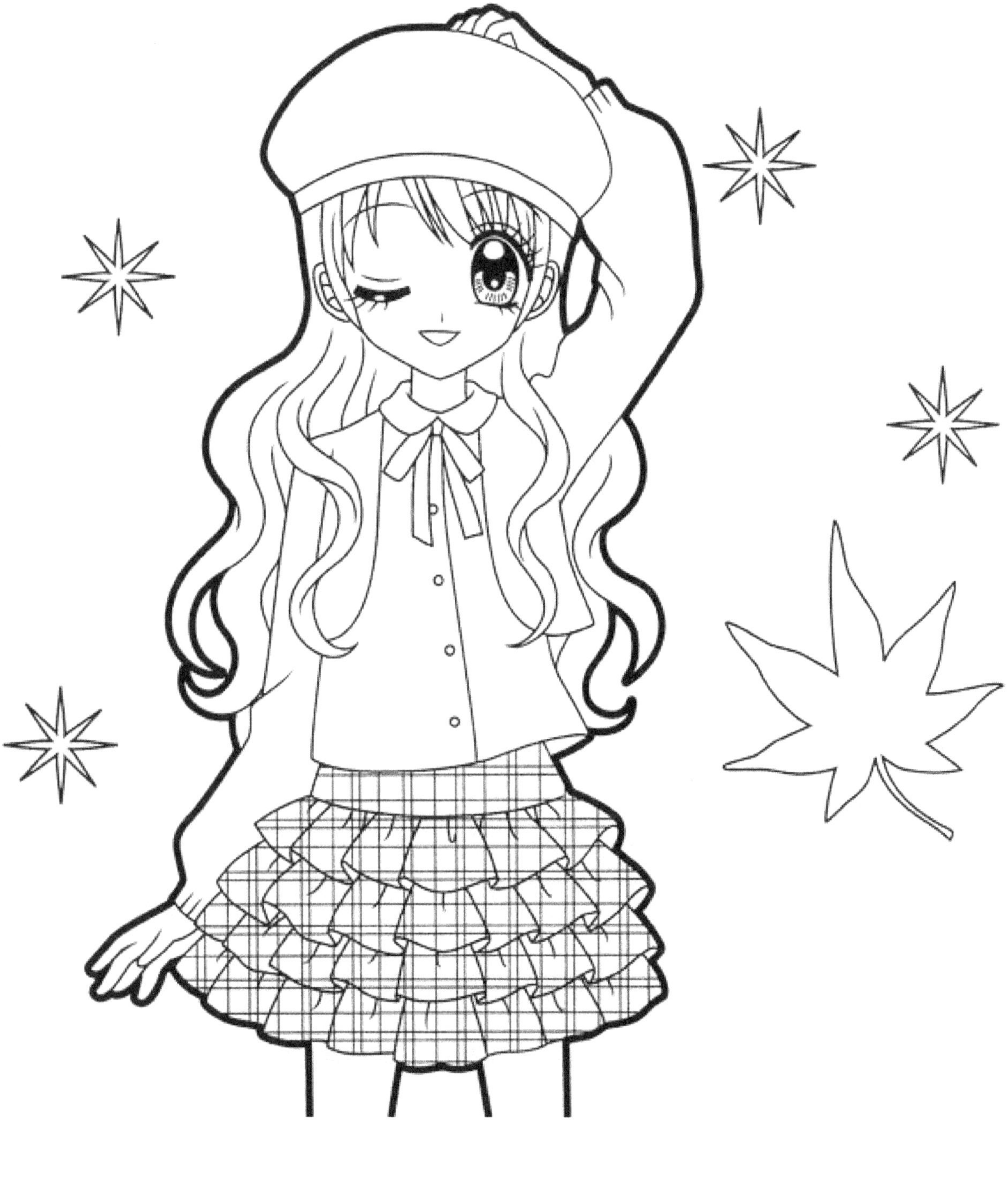

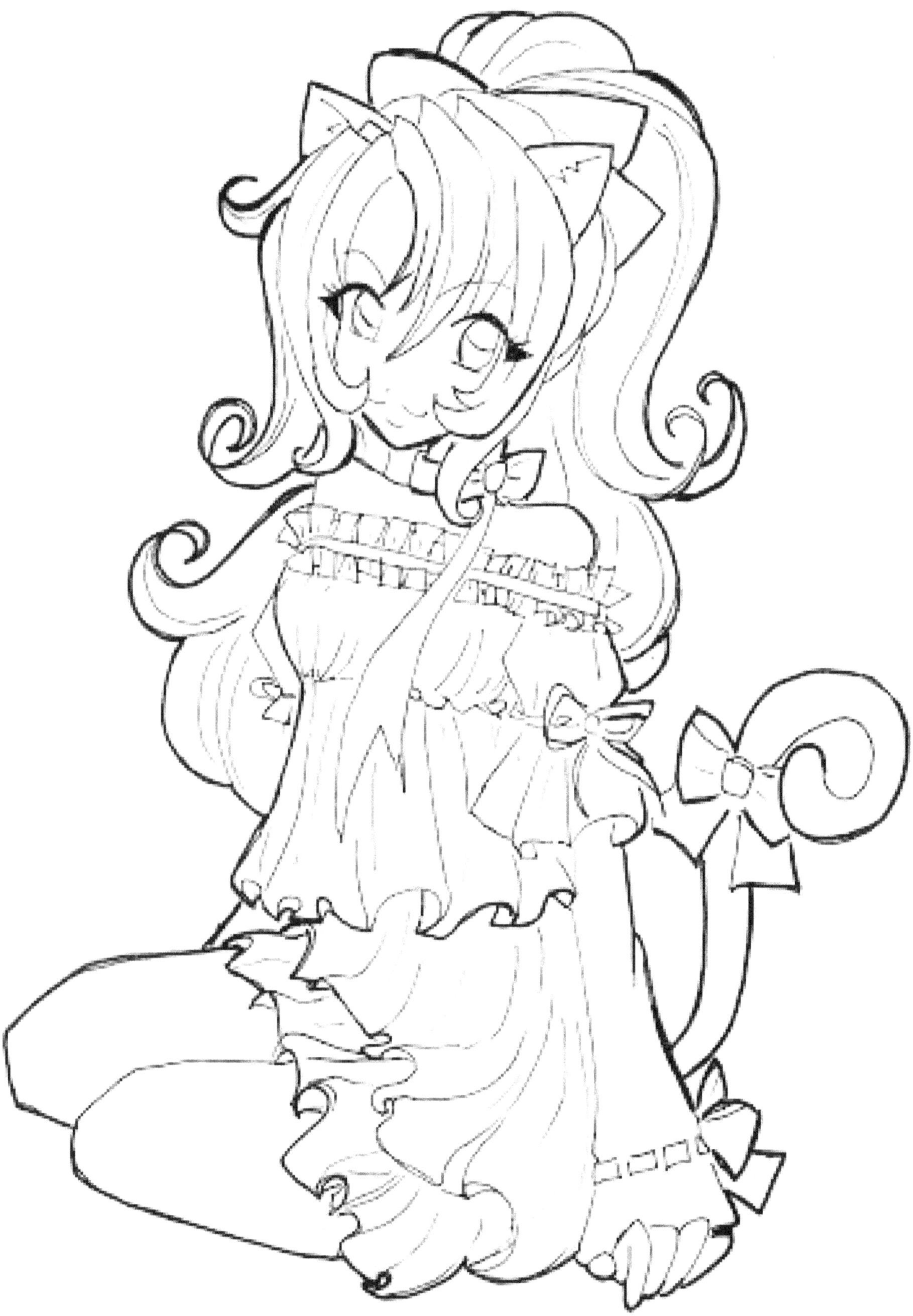

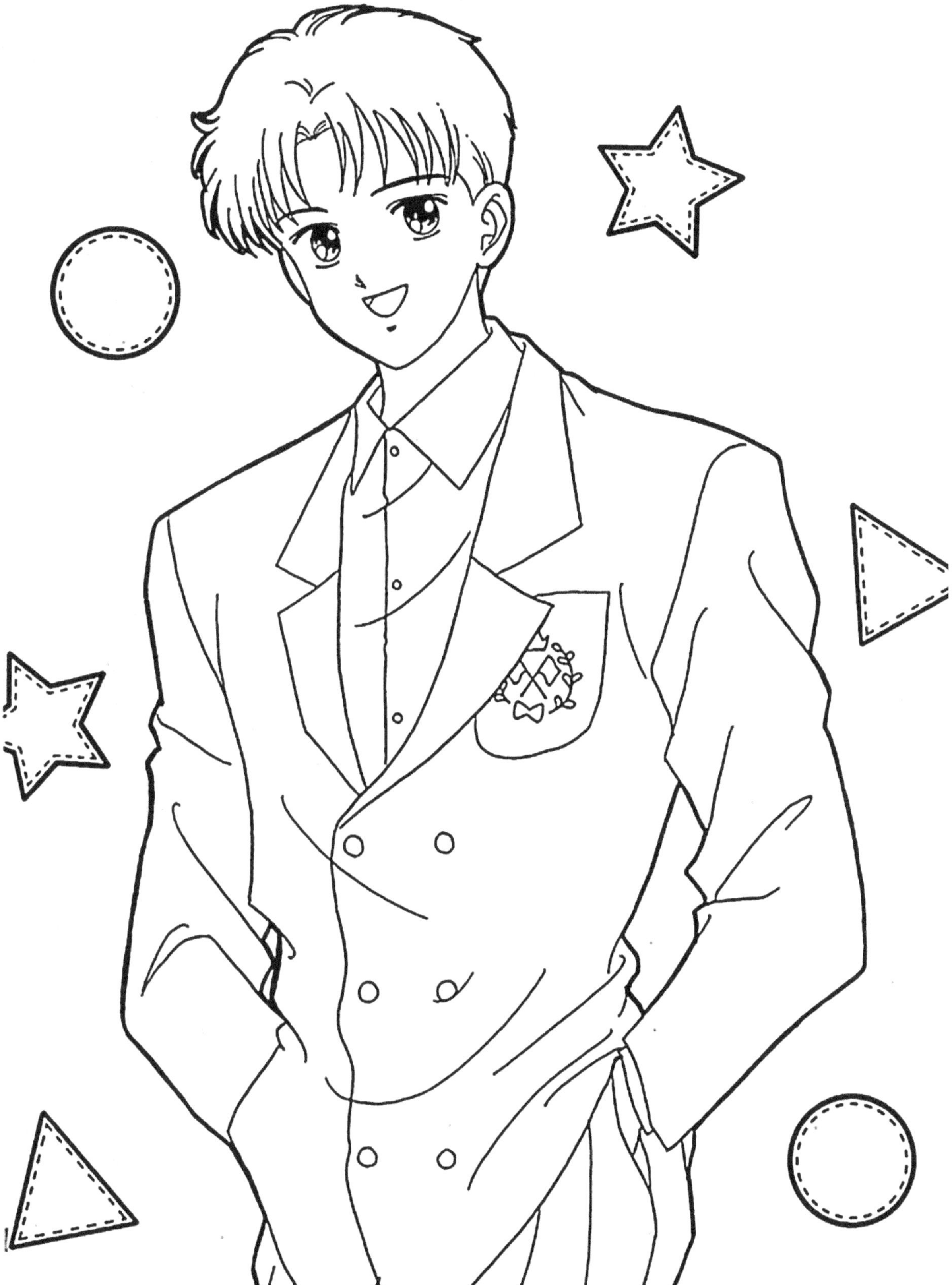

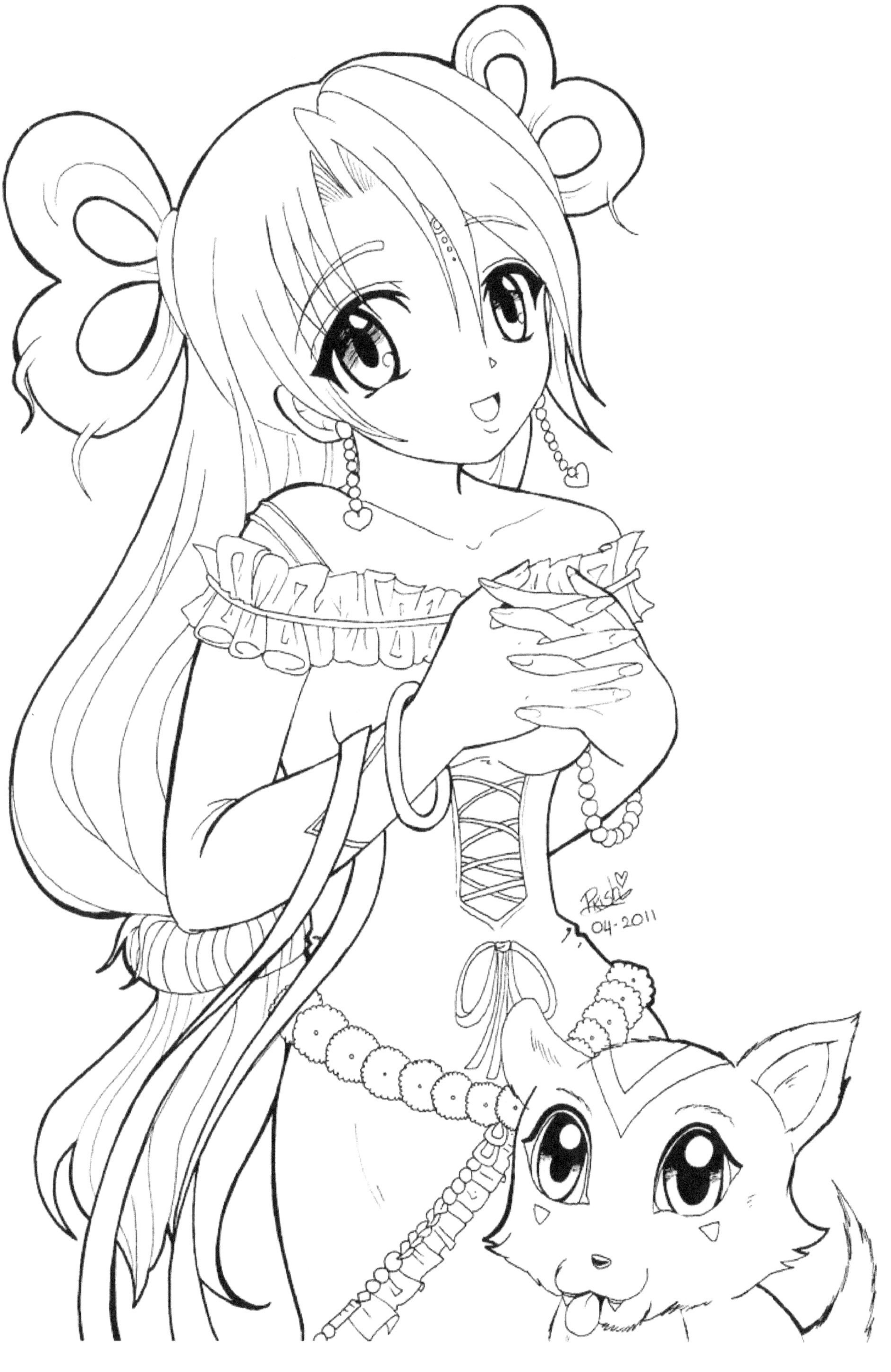
04-2011

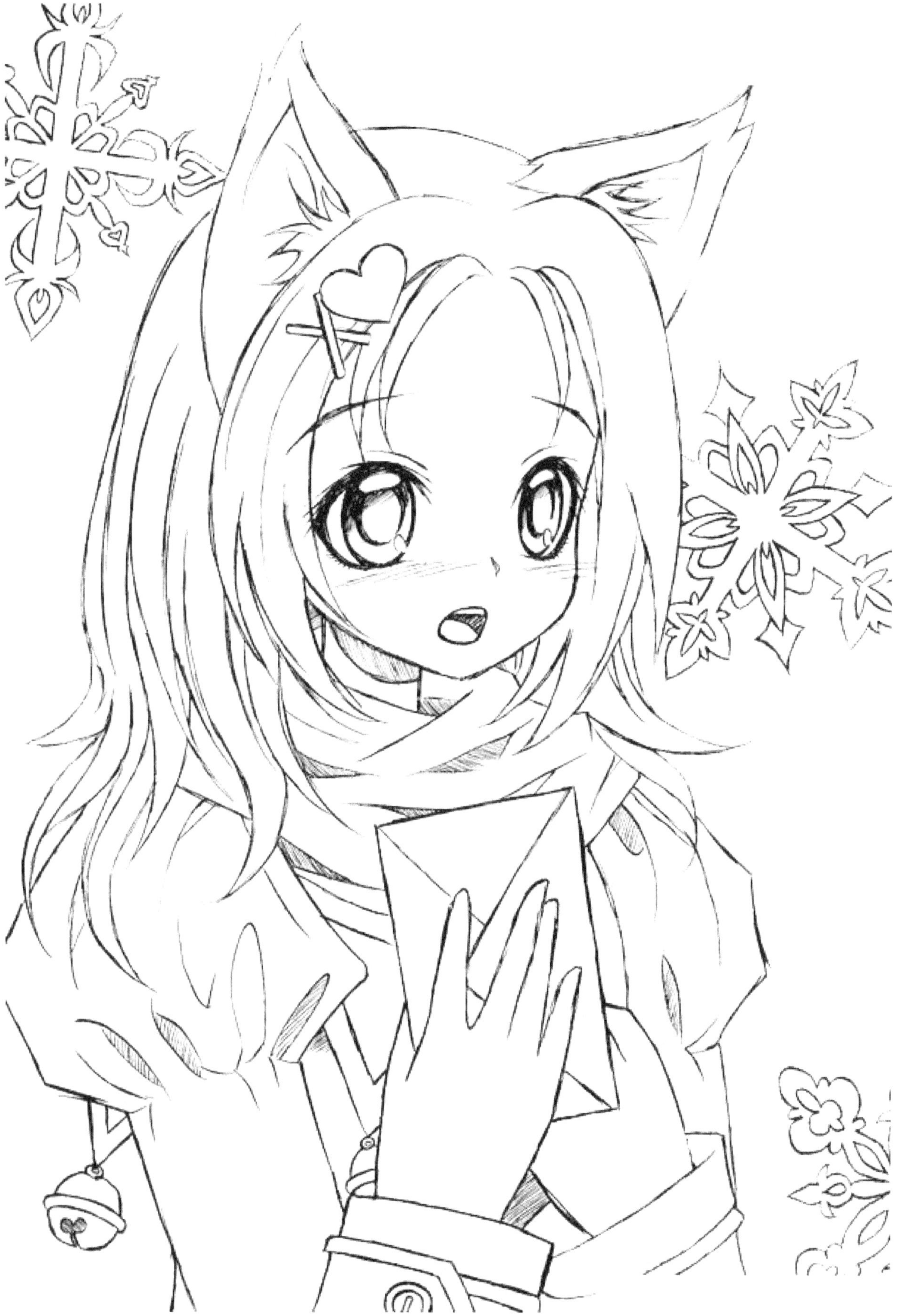

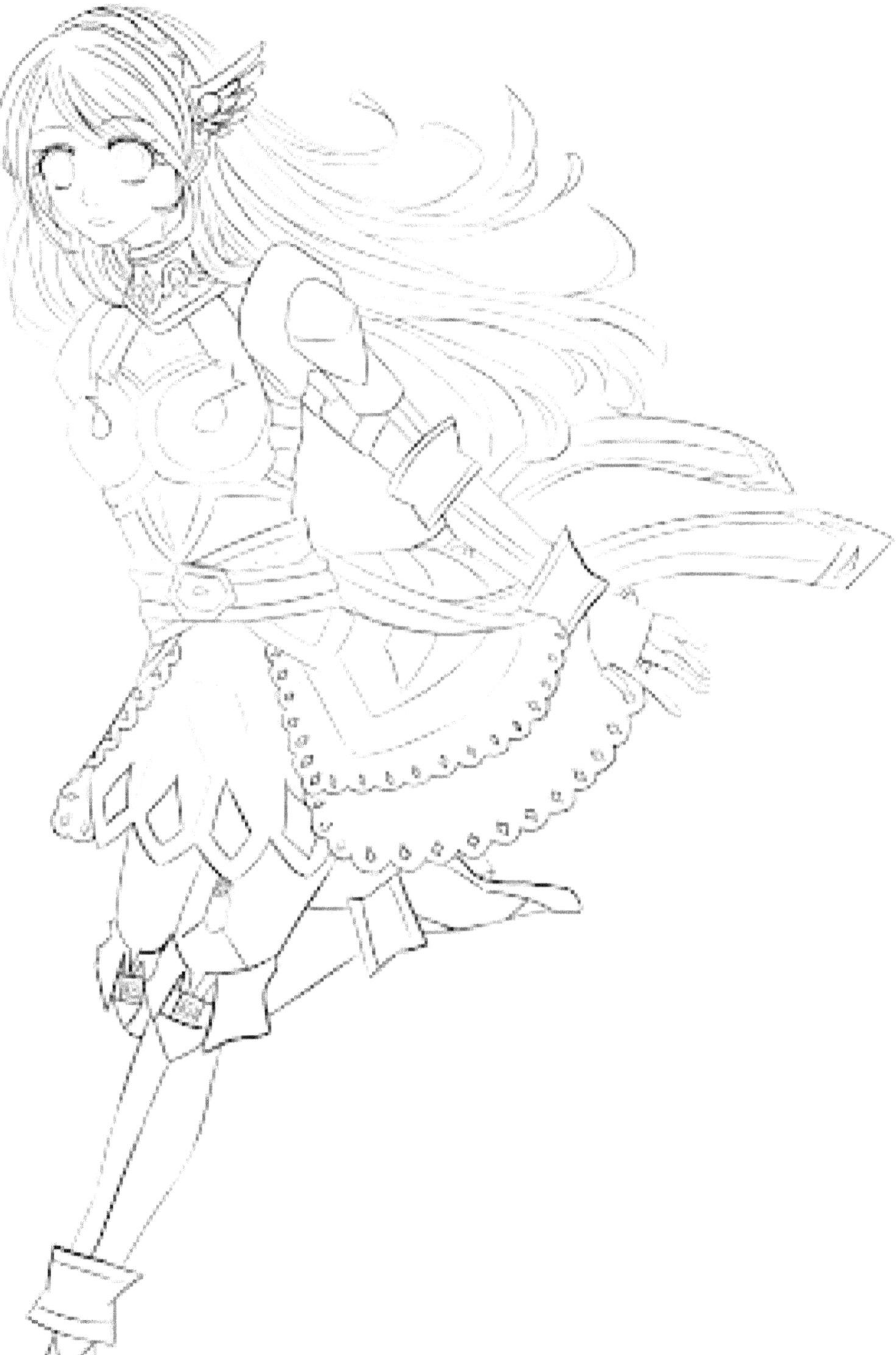

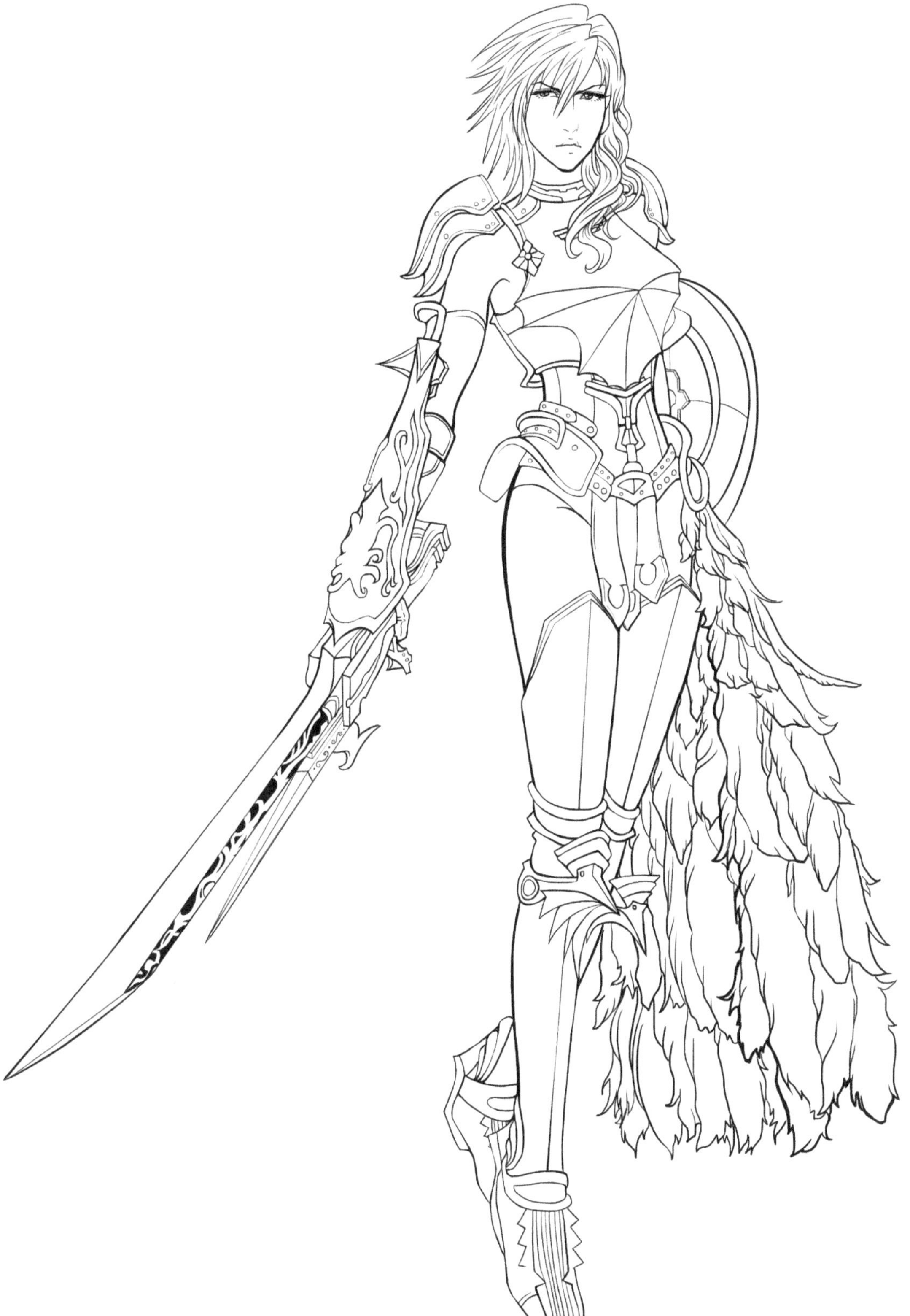

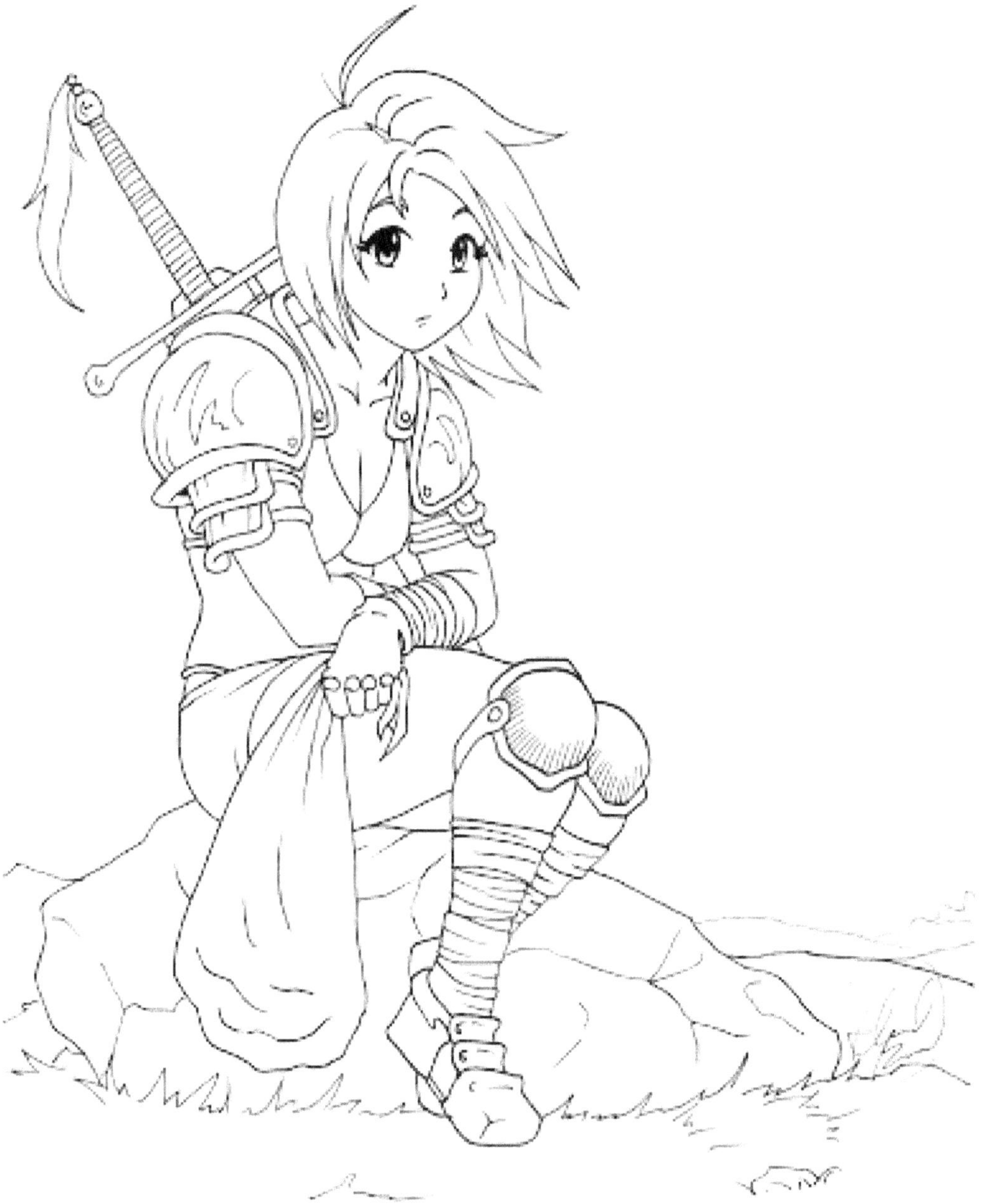

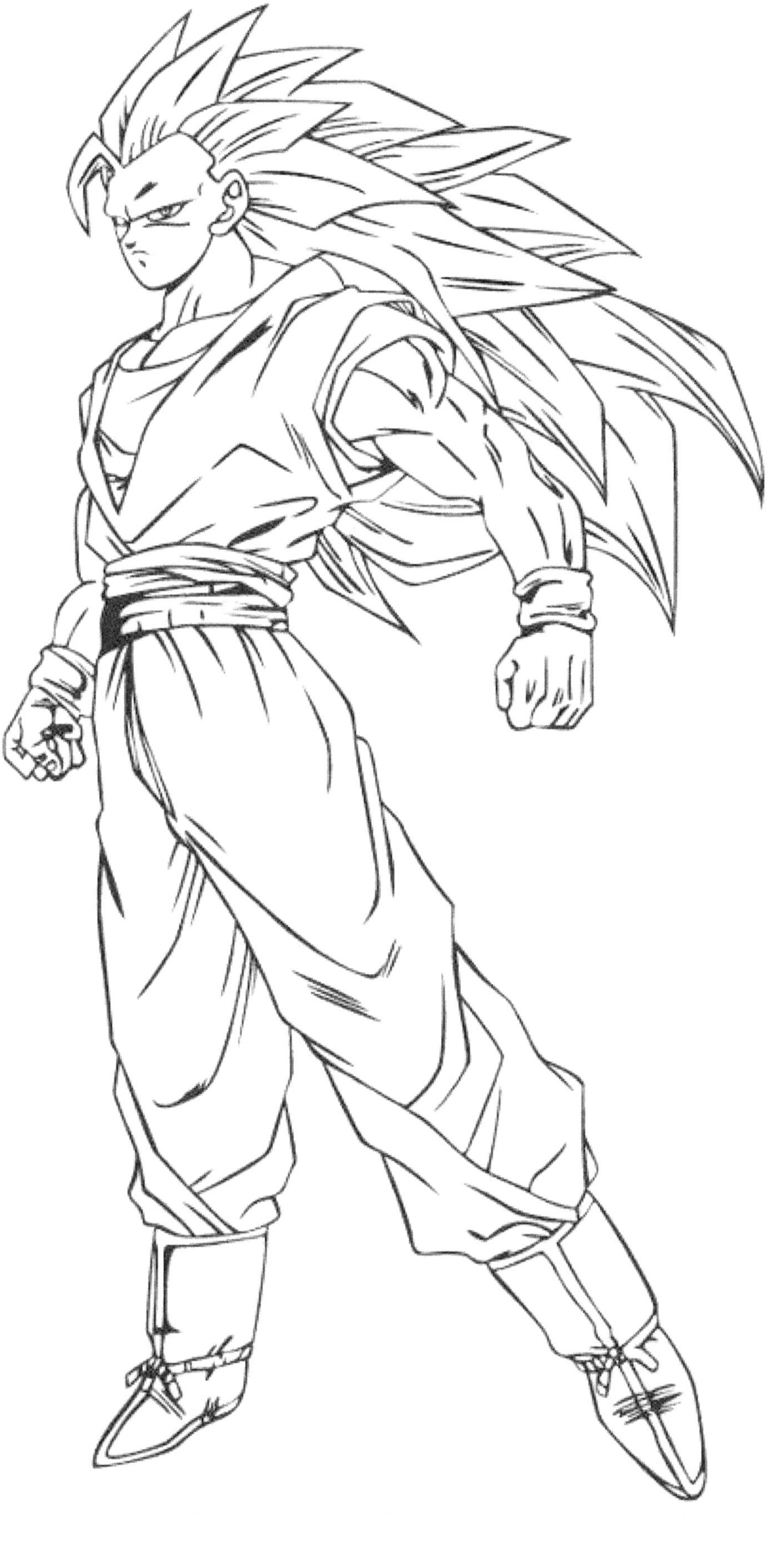

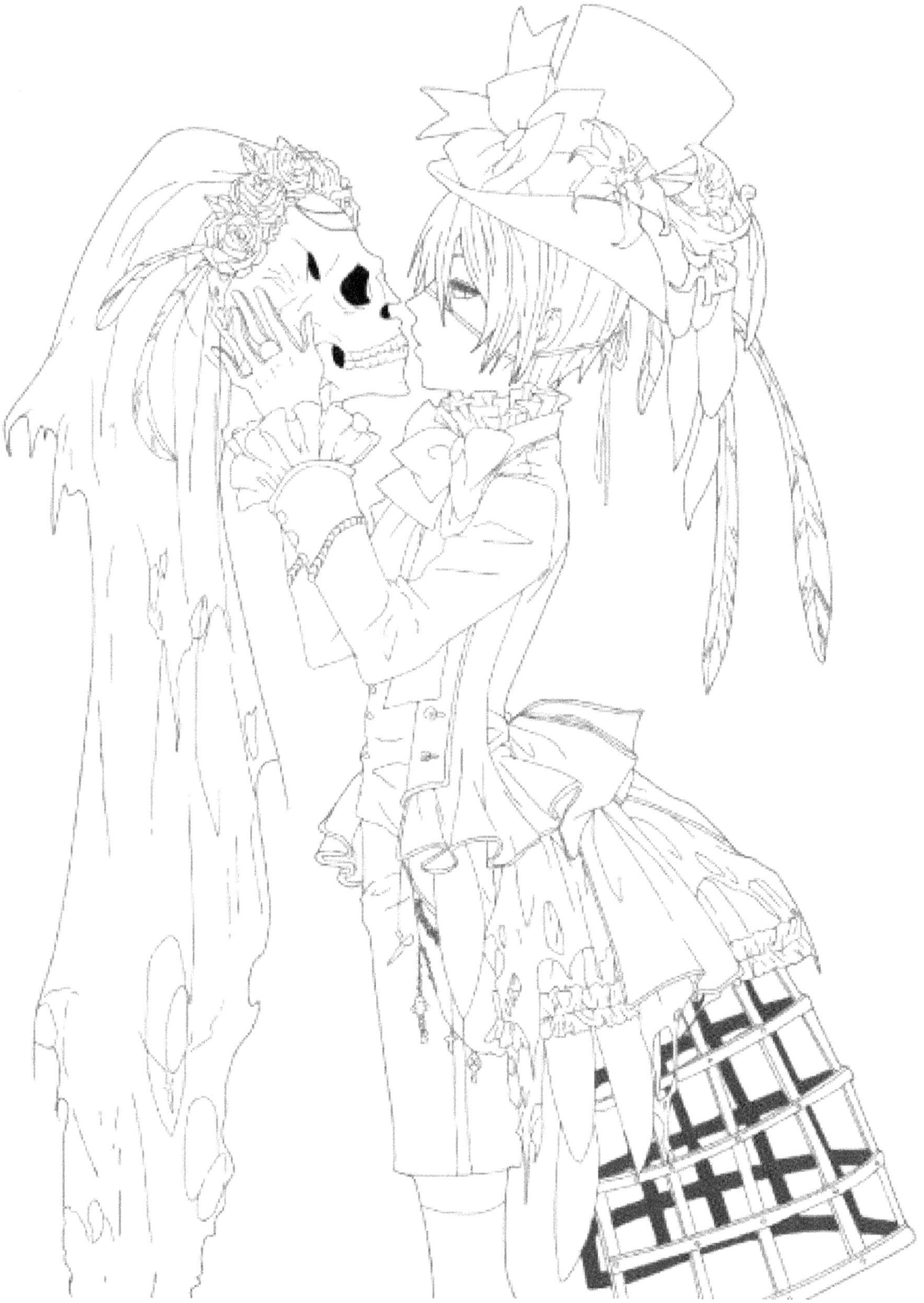

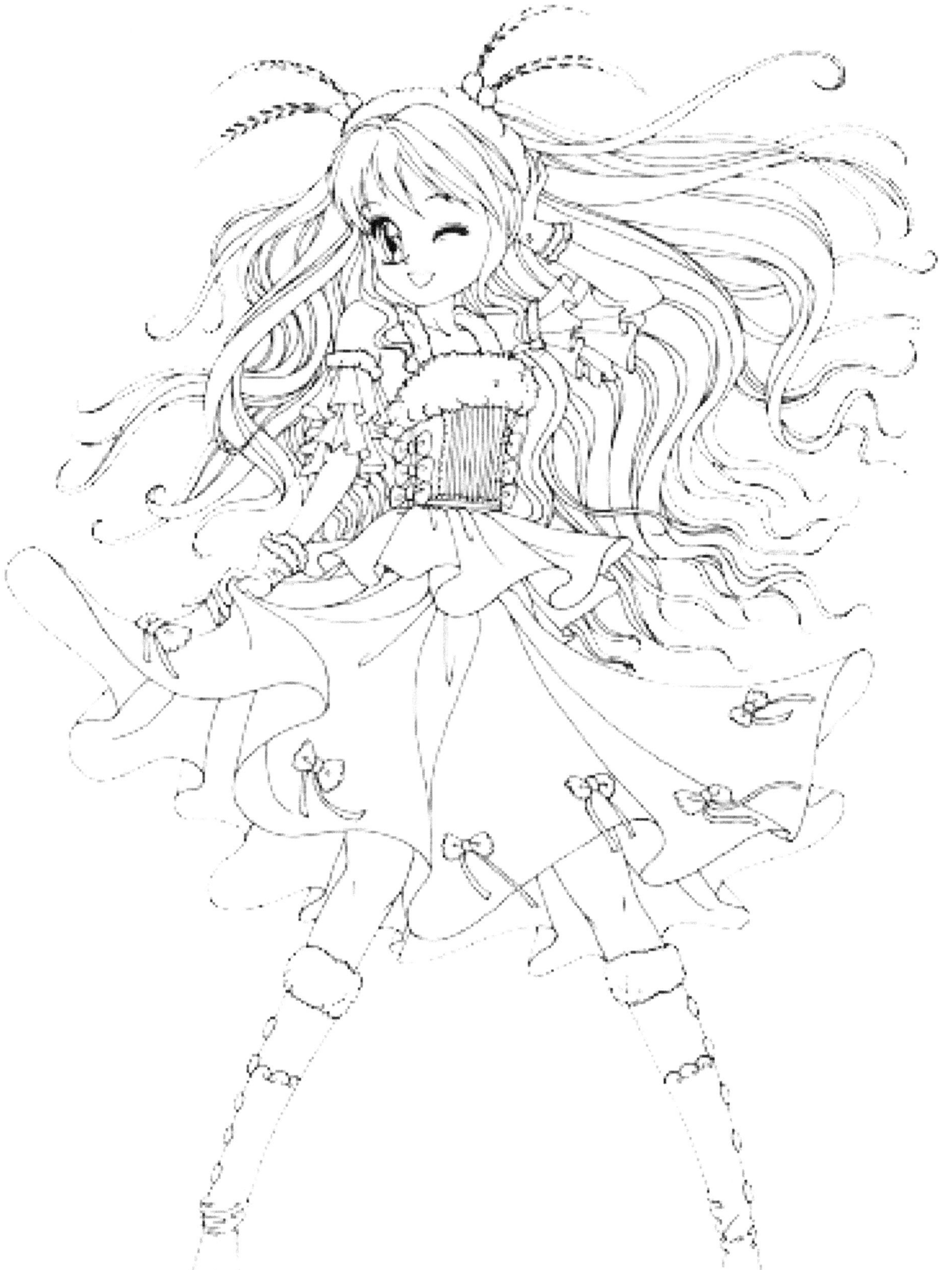

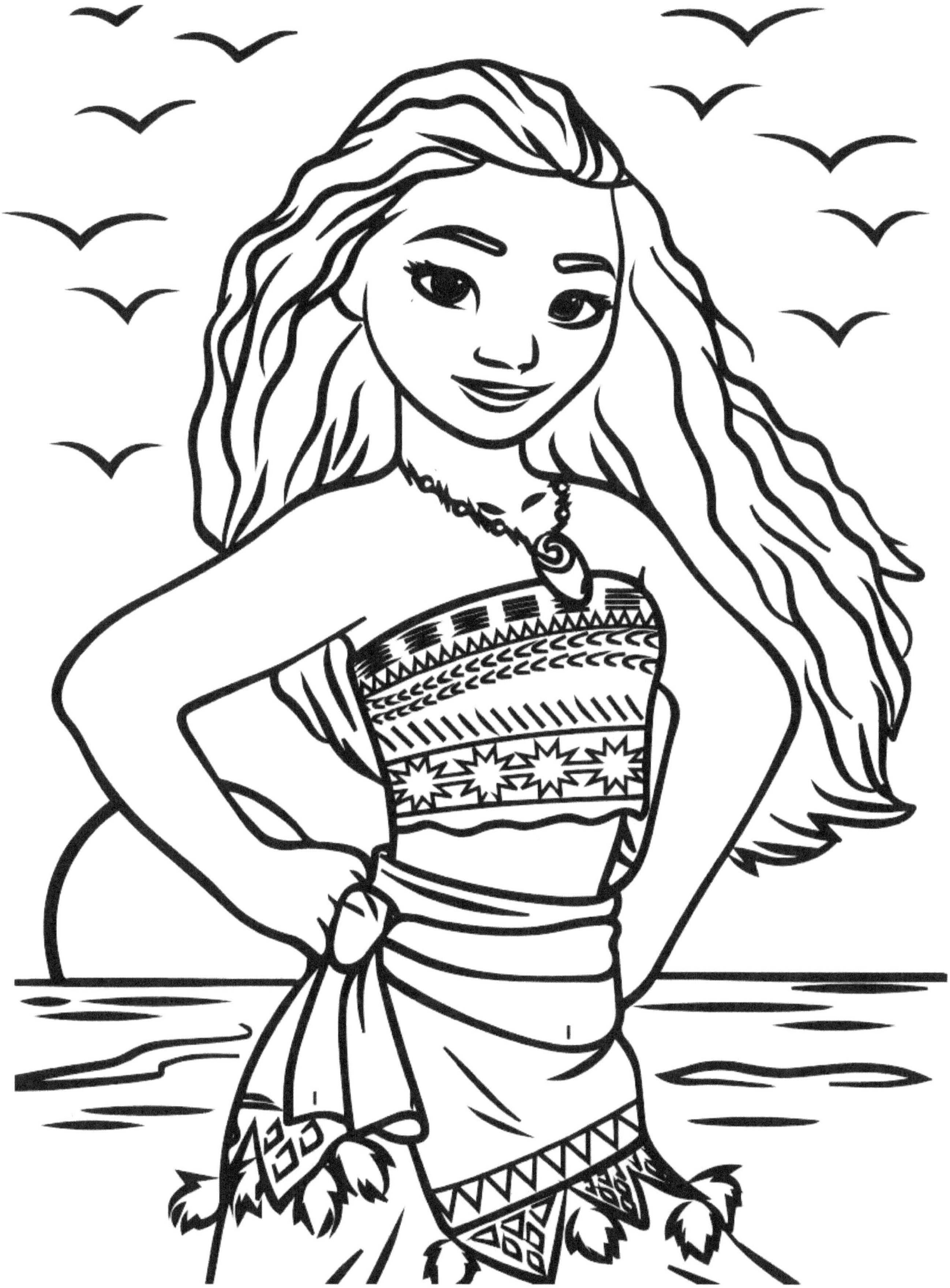

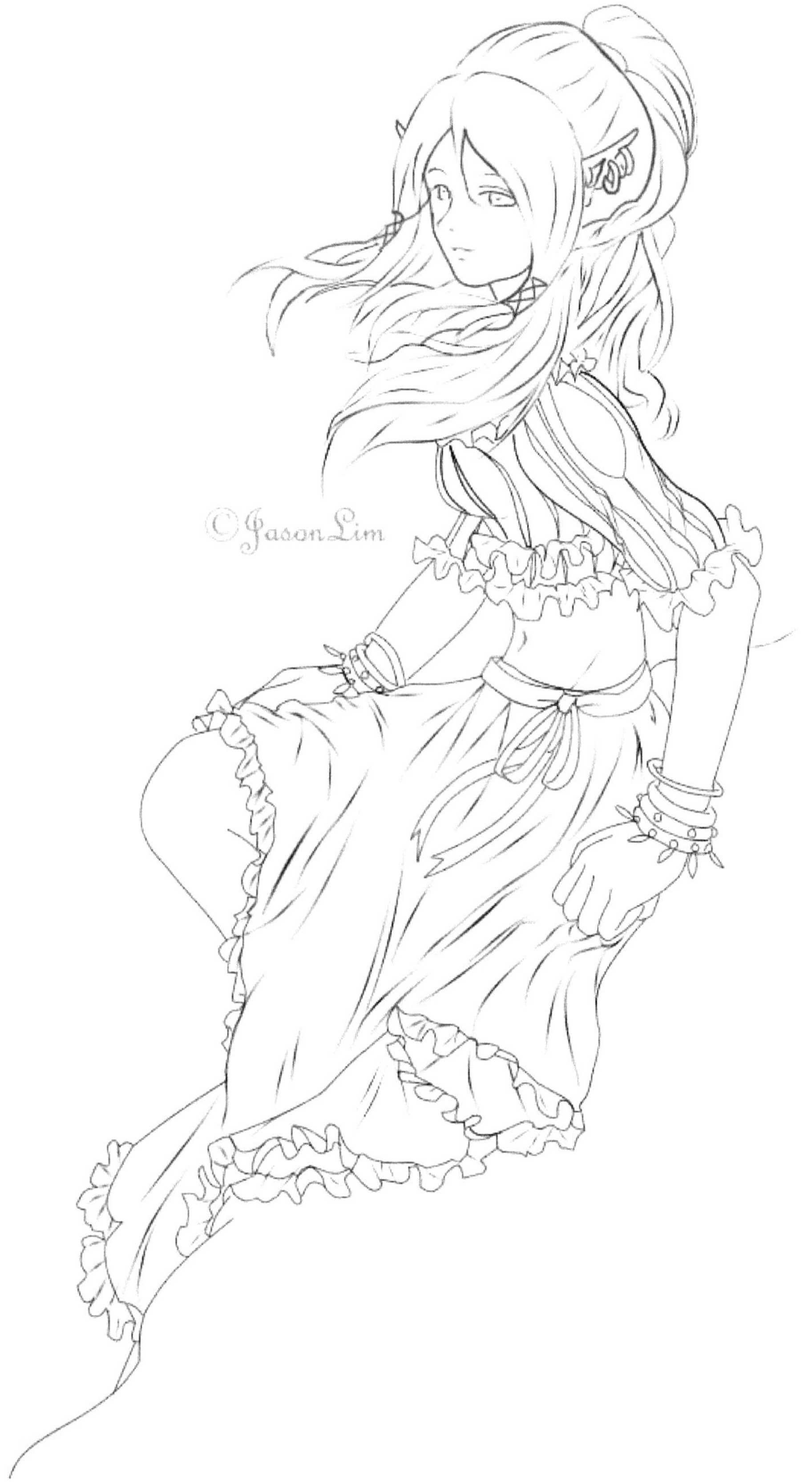
©JasonLim

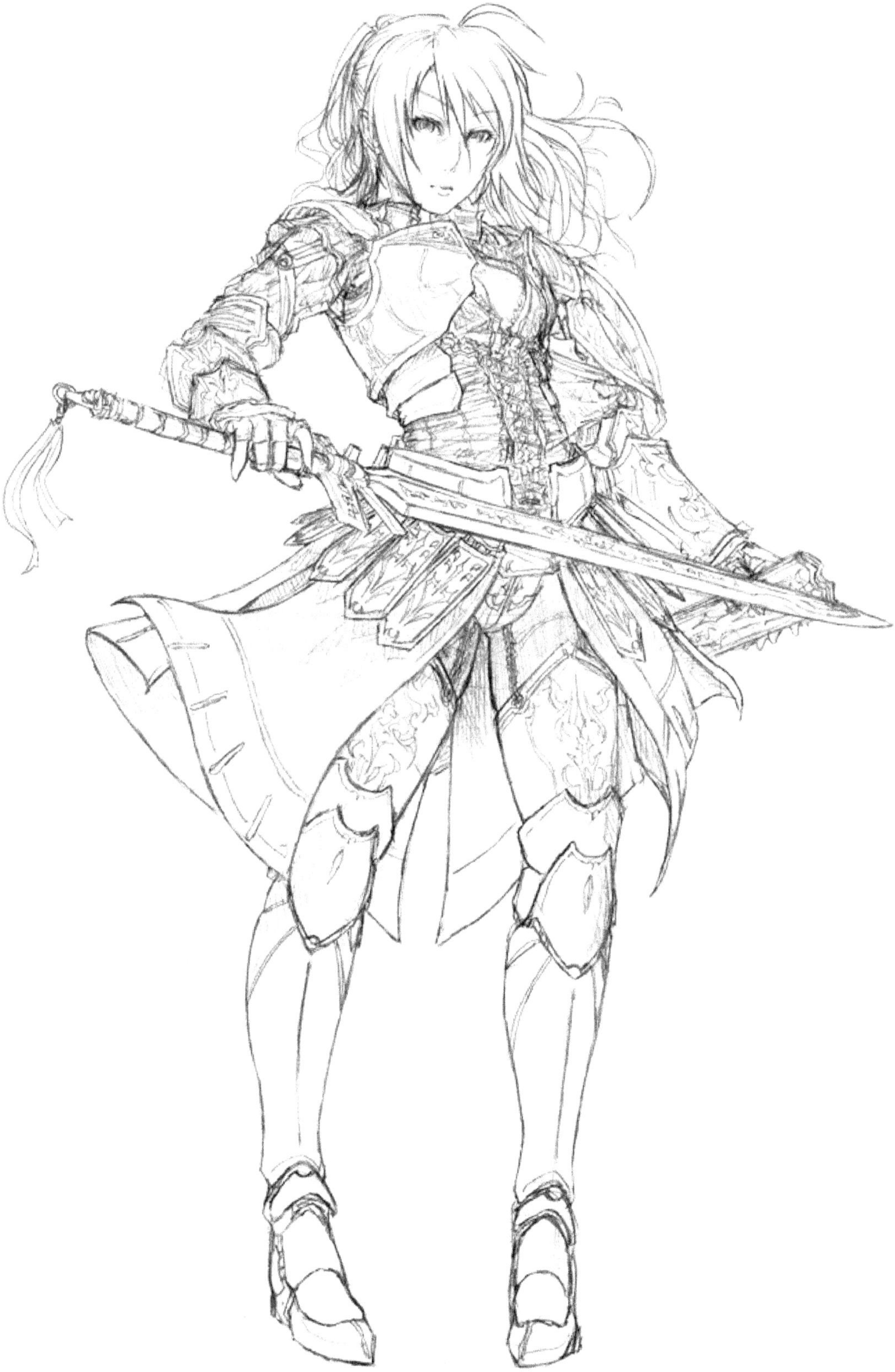

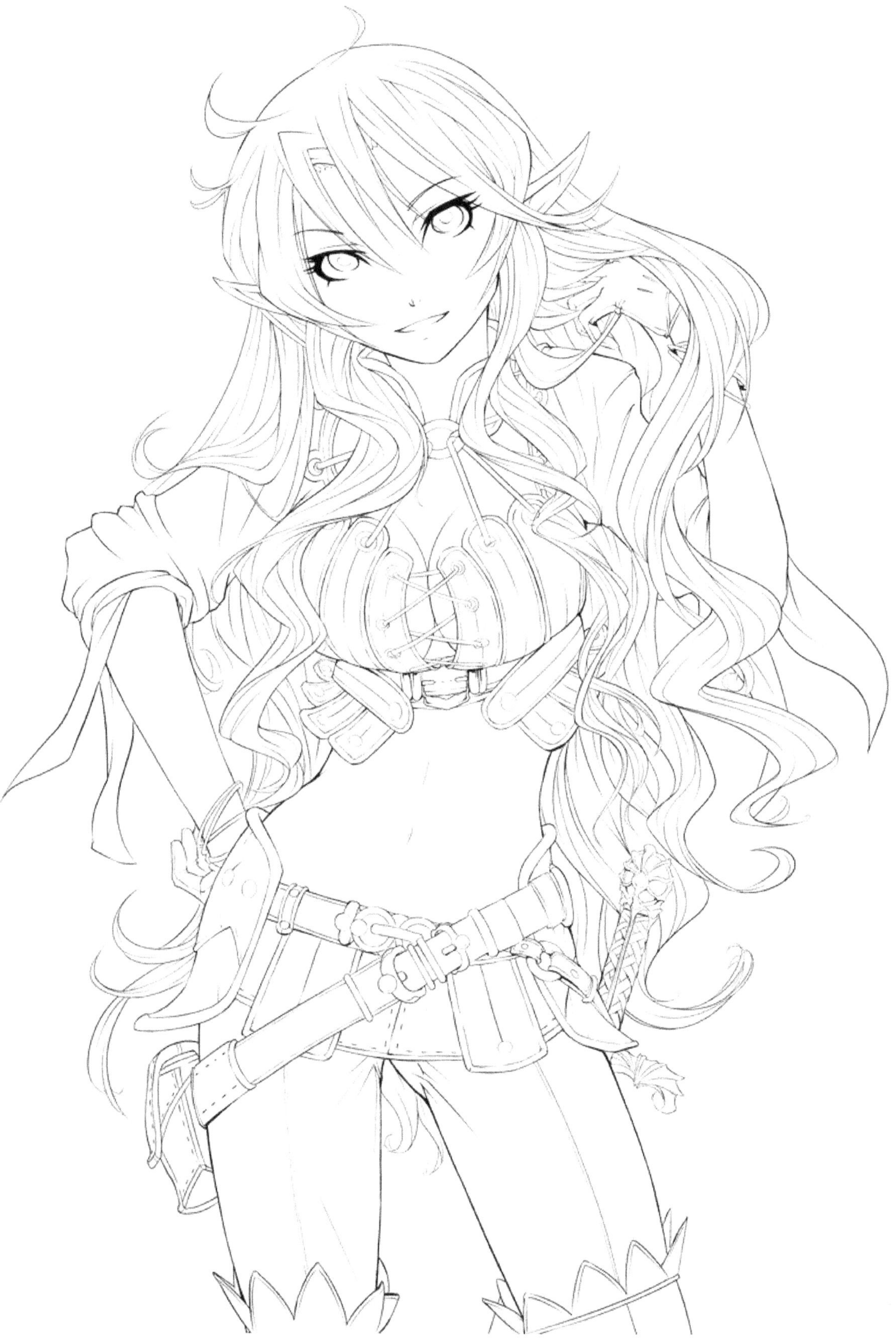

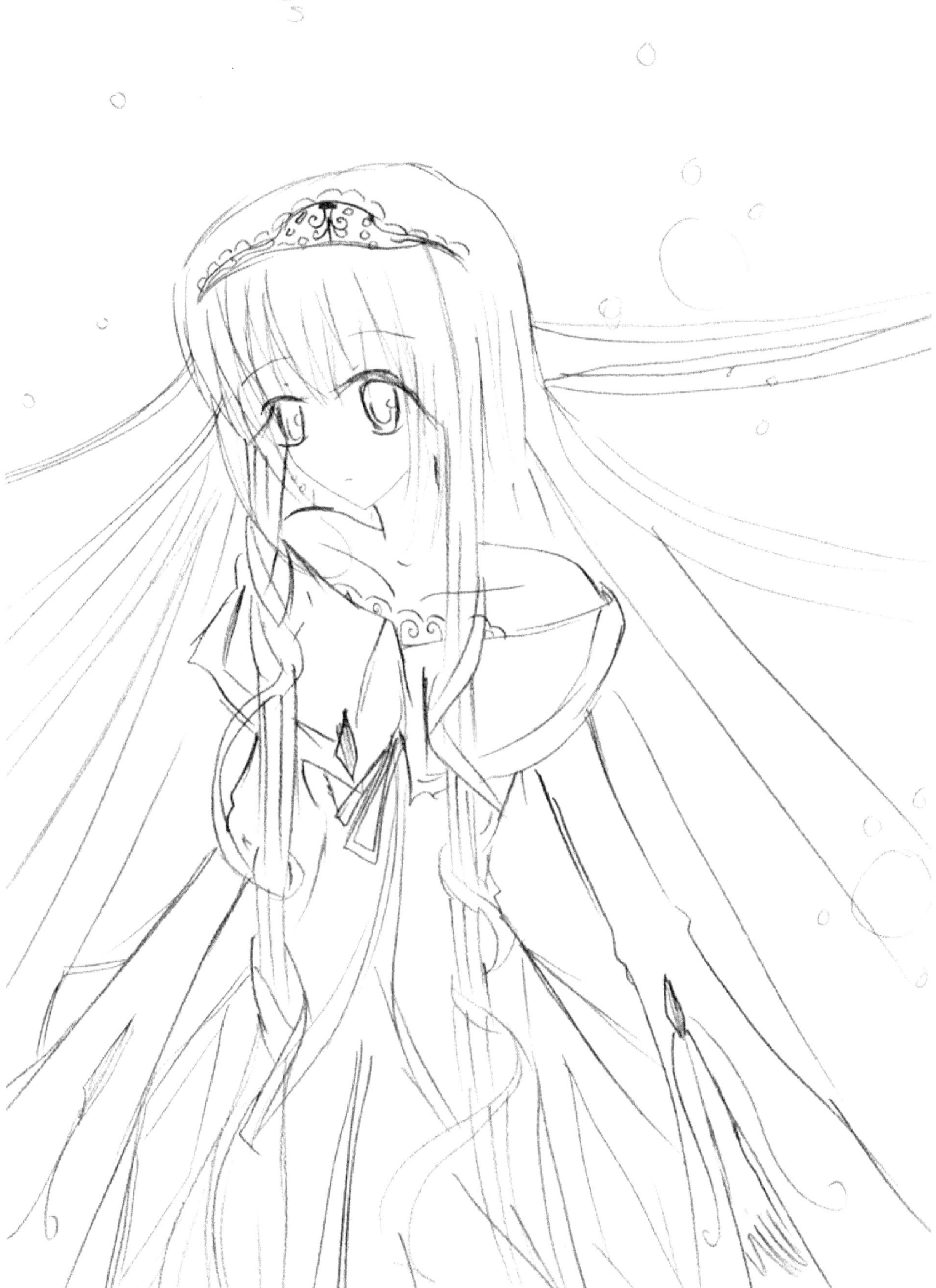

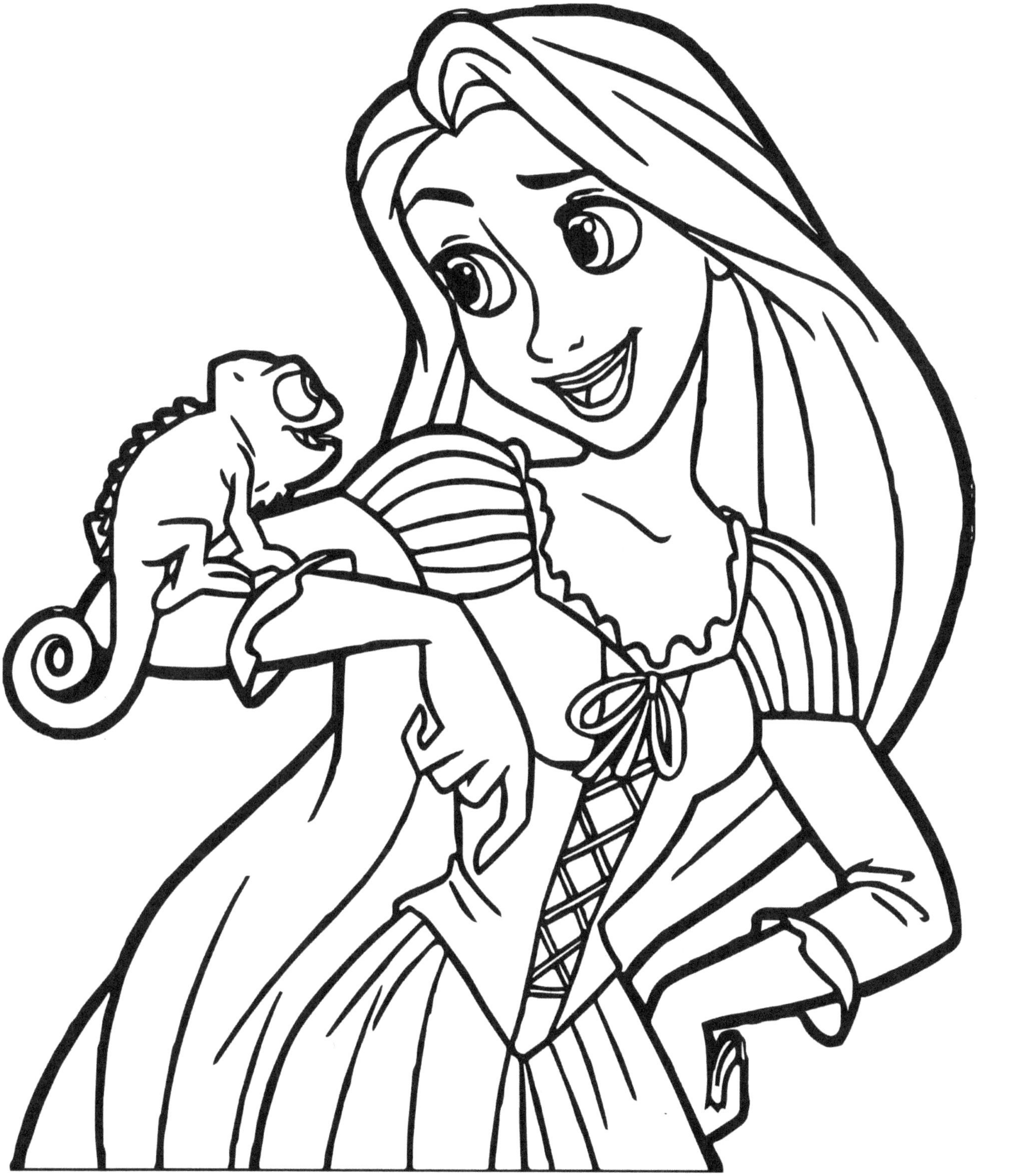

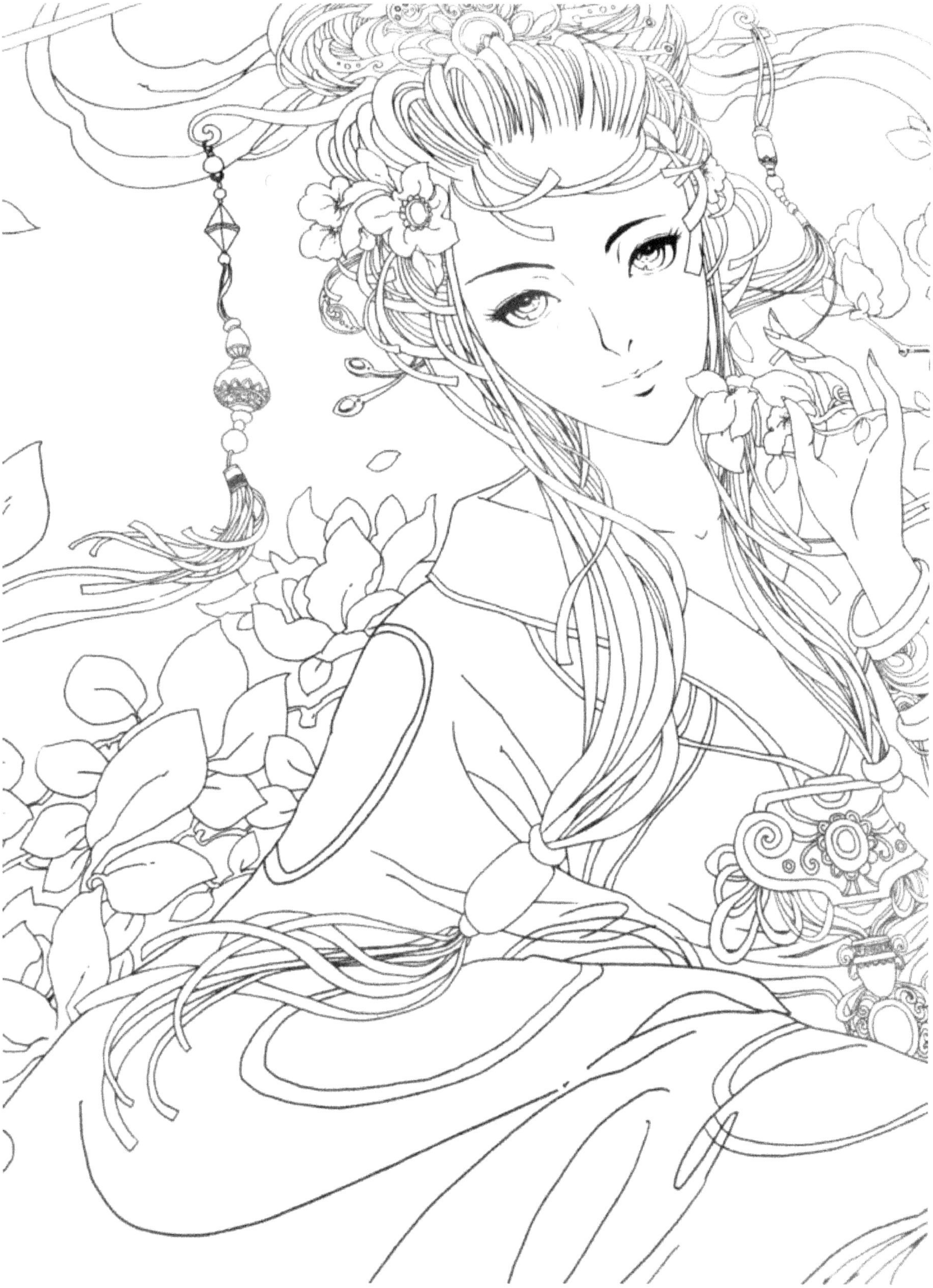

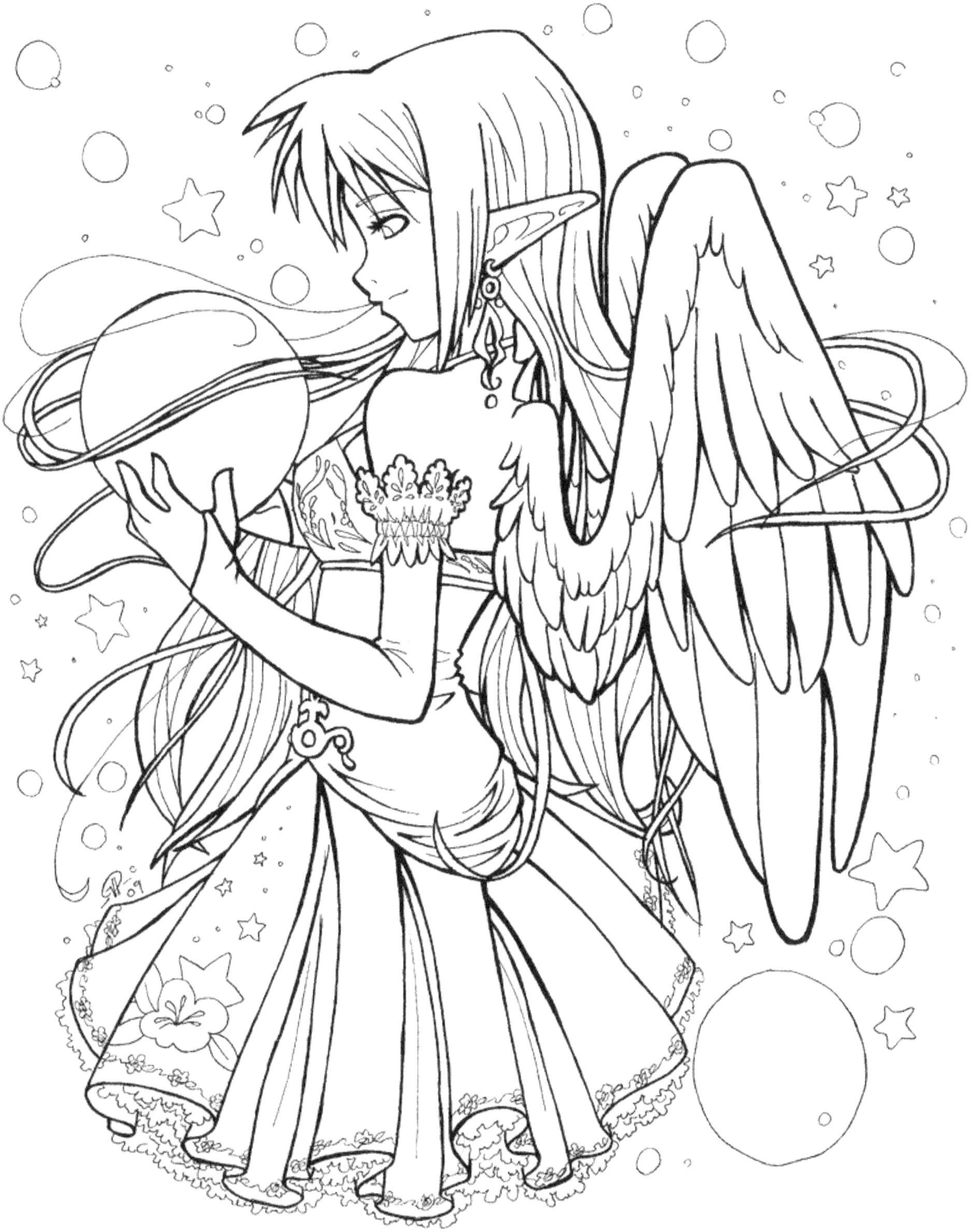

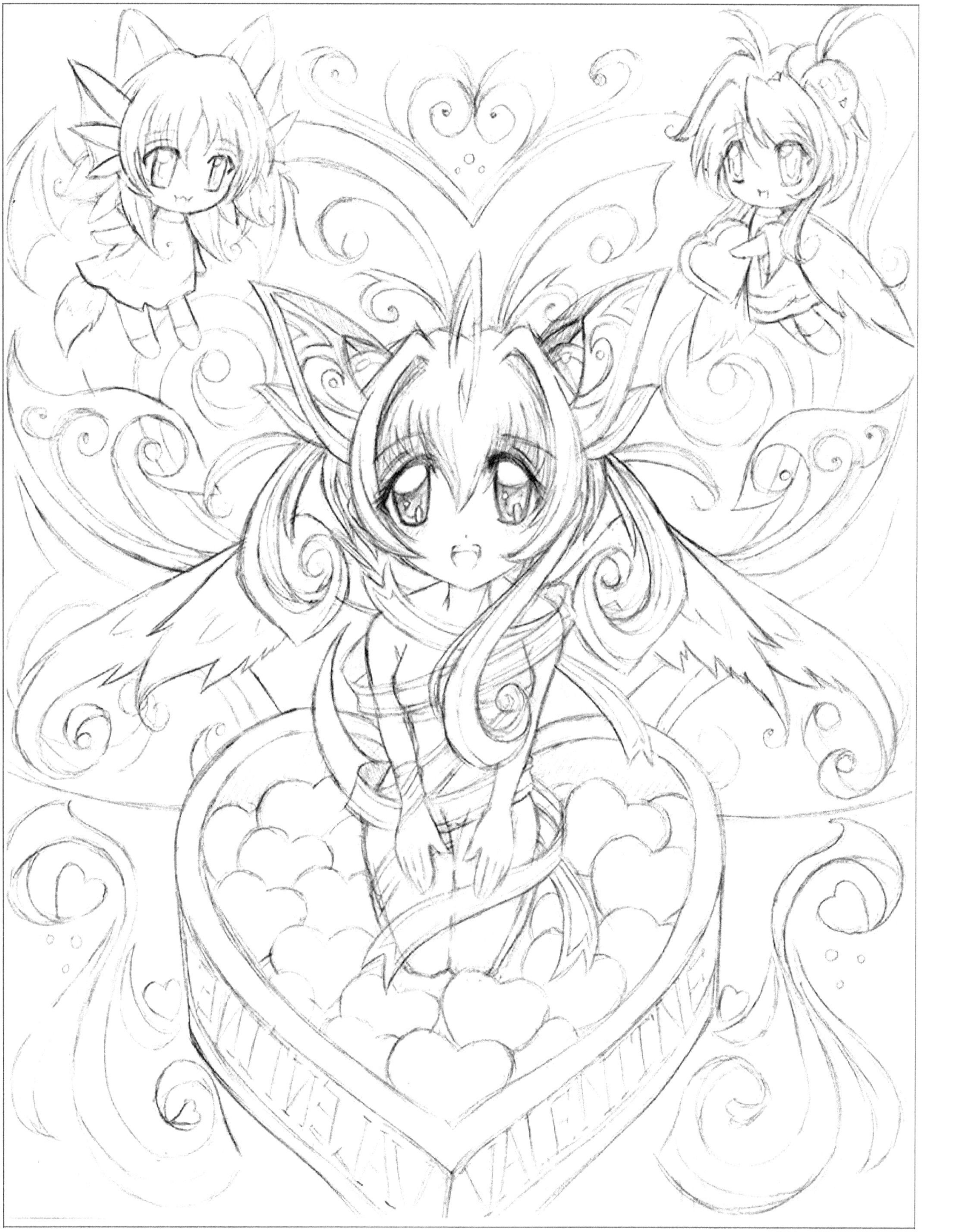
VALENTINE

www.ingramcontent.com/pod-product-compliance
Lightning Source LLC
Chambersburg PA
CBHW081448220526
45466CB00008B/2554